LE BIENHEUREUX GÉRARD

FONDATEUR ET PREMIER GRAND MAITRE

DES HOSPITALIERS DE SAINT-JEAN DE JÉRUSALEM

(Ordre de Malte)

Etude

Historique et Hagiologique

Suivie de Documents originaux et inédits

PAR

LE CHANOINE F. GIRAUD

Vicaire Général d'Aix

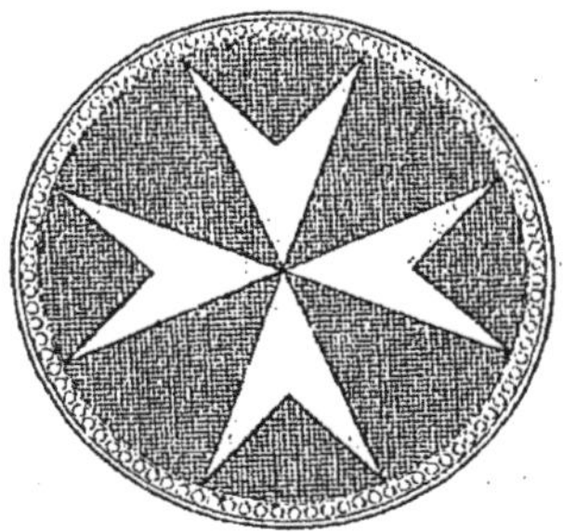

AIX

IMPRIMERIE & LIBRAIRIE MAKAIRE (V. PEYRAS et Cie, Suc^rs^)

2, rue Thiers

1909

LE BIENHEUREUX GÉRARD

Nihil obstat

Aug. ARVIEU
can.. censor ex officio.

Imprimatur

Aquis Sextiis, die 29ª junii 1909, in festo SS. Apostol. Petri et Pauli.

† FRANCISCUS
Archiep. Aquen.

Laudemus viros gloriosos et parentes nostros in generatione suâ.

Eccli. XLIV, 1.

LE B. GÉRARD TENQUE

Statue moderne, *Martigues.*

LE BIENHEUREUX

GÉRARD

FONDATEUR ET PREMIER GRAND MAITRE DES HOSPITALIERS DE SAINT-JEAN DE JÉRUSALEM

(Ordre de Malte)

Etude

Historique et Hagiologique

Suivie de Documents originaux et inédits

PAR

LE CHANOINE F. GIRAUD

Vicaire Général d'Aix

AIX

IMPRIMERIE & LIBRAIRIE MAKAIRE (V. PEYRAS et Cie, Sucrs)

2, rue Thiers

1909

ARCHEVÊCHÉ
D'AIX

Aix, le 8 août 1909.

Mon cher Vicaire Général,

Je n'ai rien à ajouter au rapport très avantageux, qui m'a été fait sur votre travail ; mais il m'est très agréable de vous remercier.

Par vos recherches consciencieuses vous faites revivre une mémoire trop oubliée et vous remettez en son juste relief une de nos gloires provençales. Le lecteur en tirera cette conclusion que la charité chrétienne, instrument de l'Apostolat, ne saurait varier dans son principe surnaturel, et s'adapte aux époques selon leur évolution providentielle. C'est ce qu'elle a fait et ce qu'elle fera aujourd'hui et toujours.

Recevez, mon cher Vicaire Général, l'assurance de mon dévoué respect en Notre-Seigneur et Notre-Dame.

† FRANÇOIS, *arch. d'Aix*.

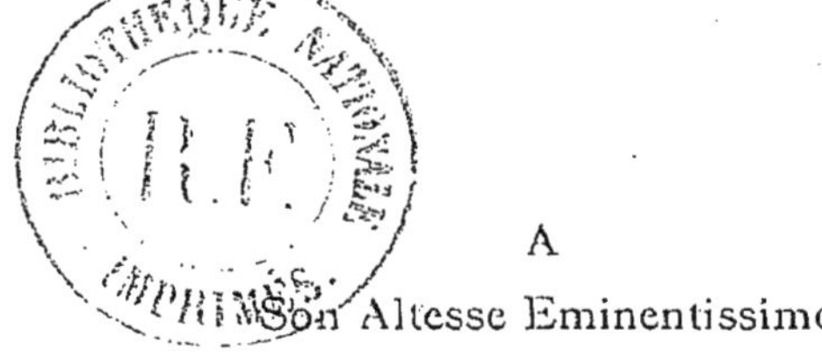

A

Son Altesse Eminentissime

Mgr le Prince de THUN-HOHENSTEIN

Grand Maître

DE

l'Ordre Souverain de Saint-Jean de Jérusalem

(MALTE)

A

L'ASSOCIATION FRANÇAISE

DES

Membres de l'Ordre

Au Lecteur

L'Ordre de Malte a des admirateurs fidèles, sincères et nombreux : c'est pour eux que j'ai écrit cette étude.

Je la leur livre telle qu'elle est, persuadé que — bientôt peut-être — d'autres feront mieux et plus complet.

Je soumets ces pages, sans restriction, au jugement de la Sainte Eglise et je déclare qu'en décernant des titres de vénération au pieux fondateur des Hospitaliers de Saint-Jean de Jérusalem, comme en parlant de ses *reliques* et de son *culte*, j'entends vouloir ne point m'écarter des règles tracées par le Saint-Siège, spécialement par les décrets d'Urbain VIII des 13 mars 1625 et 16 juin 1631.

F. G.

ERRATA

Cujusvis hominis est errare (CICÉRON).

Page 32, 5me ligne, lire « remarquables ».

Page 32, 6me ligne, lire « terminées ».

Page 62, 18me ligne, lire « Reversus est in domum suam ».

Page 71, note 2, lire « Nommé grand commandeur ».

Page 90, 23me ligne, lire « le chef ».

PREMIÈRE PARTIE

VIE
DU
Bienheureux GÉRARD

Fondateur et premier Grand Maître
des Hospitaliers de Saint-Jean de Jérusalem
(ORDRE DE MALTE)

Dans la jolie petite ville de Martigues, bâtie en un site des plus pittoresques, baignée dans le double azur de son ciel et de ses eaux, gracieusement sillonnée de canaux, qui l'ont fait surnommer la « Venise provençale », on voit, sur la façade de l'une de ses églises, une statue de pierre et, sur le socle, ces mots : *B. Gerardus Tenque, gloria civitatis.* (1)

Quel est ce personnage ? Ses concitoyens ont donné son nom à l'une de leurs places publiques et fait apposer en son honneur, sur la porte principale de l'Hôtel de Ville, un marbre avec une inscription en

(1) *Le Bienheureux Gérard Tenque, la gloire de la cité.* — Cette statue, œuvre d'un enfant du pays, nommé Nazaire Bernard, a été inaugurée le 2 mai 1869.

langue félibréenne (1). Cet homme est l'une des plus pures illustrations de sa ville natale et de toute la Provence. Il fonda un Ordre célèbre, les Hospitaliers de Saint-Jean de Jérusalem, plus connus sous le nom de Chevaliers de Rhodes et Chevaliers de Malte, qui s'immortalisèrent par leur vaillance et les services qu'ils rendirent si longtemps à la Chrétienté. Cet homme mérite d'être honoré ; il fut un héros et un saint.

Gérard (2) naquit vers 1040, dans l'île de Saint-

(1) Voici cette inscription d'une rédaction toute chrétienne :

L'AN DÓU SANT CRIST MXL
DINS NOSTO CIÈUTA DÓU MARTEGUE
NASQVE LOU BENUROUS
GERARD TENQUE
FOUNDATOUR DI MOUNGE ESPITALIÈ
DE SANT JAN DE JERUSALEM ;
E
LOU XI D'AVOUST
MDCCCXCI
LI CIGALIÈ MÈ LI FELIBRE
AN OUNOURA PÈR AQUEST MABRE
LA MEMÒRI
DÓU GRAND PROVENÇAU PIETADOUS.

L'an de Notre-Seigneur Jésus-Christ 1040, dans notre ville de Martigues, naquit le bienheureux Gérard Tenque, fondateur des religieux Hospitaliers de Saint-Jean de Jérusalem, et le 11 août 1891 les Sociétés de la *Cigale* et des *Félibres* ont apposé ce marbre pour honorer la mémoire de l'illustre et charitable Provençal.

(2) Appelé aussi par les auteurs, selon l'époque et le pays, Ghérard, Gérald, Géraud, Girald, Giraud. — Le pape Pascal II, dans la bulle de 1113, l'appelle Geraudus ; Guillaume de Tyr, Geraldus ; Jacques de Vitry, Gerardus. *La Chronique de Maillézais, Chonicon Malleac.* (Vendée), dont l'auteur était contemporain du Bienheureux mentionne sa mort sous le nom de Giraudus et nous verrons qu'on l'a honoré longtemps sous ce nom à Manosque. Les mêmes variantes se retrouvent, au témoignage de M. Delaville le Roulx, dans les Mss. français de la Bibliothèque Nationale, nos 6.049 et 13.531.

Genès (1), aujourd'hui Martigues. « Le grand nombre de terres que possédaient les Hospitaliers dans le pays de Langue d'oc, dès avant la mort de leur fondateur, dit M. Damase Arbaud (2), la circonstance que le premier prieuré en deçà de la mer fut établi à Saint-Gilles, la considération que *la langue* de Provence a toujours été la première dans l'organisation intérieure de l'Ordre, nous paraîtraient autant de preuves à l'appui de l'opinion commune qui fait naître Gérard sur les côtes de Provence, si la mention contemporaine de Hugues le Chartreux ne devait pas trancher la difficulté. » (3)

(1) Le nom provençal est Saint-Geniez. — Ce n'est qu'à la fin du xe siècle qu'une agglomération se forma sur les îles, dont celle de Saint-Geniez était le centre. Jusque là les habitants vivaient sur la hauteur, au *Castrum Sancti Genesii*. « Tout ce quartier, avec les étangs et leurs rives, appartenait aux archevêques d'Arles, non en souveraineté, mais en suzeraineté féodale, en vertu d'une concession des fils de Clovis à Saint-Césaire, dans la première moitié du vie siècle ». Abbé Constantin, *Les paroisses du diocèse d'Aix* (paroisses de l'ancien diocèse d'Arles). Aix, Makaire, 1898, p. 461.

(2) Le *Plutarque provençal*, article Gérard Tenque, Marseille 1855, p. 229.

(3) Brenemann, sans preuve, à cause évidemment de l'origine du premier établissement hospitalier obtenu, à Jérusalem, par les marchands Amalfitains, fait naître Gérard à la Scala, bourgade des environs d'Amalfi, dans le royaume de Naples. *De Republica Amalfitana*, disp. I. p. 7.

Bosio, qui, ainsi que nous aurons encore à le constater, n'aime pas à résoudre les difficultés, laisse indécise la question de la nationalité de Gérard. « Les uns, dit-il, le font français, les autres italien. Pour moi, je laisse la vérité où elle se trouve: *Io lascio la verita a suo luogo*. — *Historia della sacra Religione et illustrissima Militia di San Giovanni Gierosolimitano*, Venise, 1696, t. I, p. 54. — Mais, dès l'apparition de l'ouvrage de Bosio, le chevalier Pierre Boisat, vice-bailli de Vienne, en Dauphiné, s'empressa d'aviser l'auteur

Le nom de Tenque (1) n'a été donné à Gérard, par ses hagiographes, qu'à partir du XVIIe siècle. Si ce nom est vraiment le sien, on peut croire que le consul Jean Tenque, député de la ville de Martigues auprès de la reine Jeanne, était de sa famille. « Il existe encore dans la classe des matelots, dit Papon, des personnes de ce nom, qui pourraient bien tirer leur origine du frère de cet illustre fondateur. Si cela est,

qu'il avait trouvé dans d'anciennes chartes, *in alcuni frammenti d'antiche scritture*, que Gérard était né en France.

Ainsi pense Jean de Hagen, de Indagine, chartreux, (né en 1415, à Hadderdop, près de Stadthagen, dans la Saxe), qui s'est servi de vieux manuscrits manifestement contemporains des Croisades, pour composer des ouvrages sur ces expéditions de la Chrétienté contre les Turcs.

Hugues le Chartreux, cité dans l'ouvrage qui a pour titre *Historia equitum Sancti Joannis*, déclare formellement que Gérard est français. Or le témoignage de cet auteur est décisif, puisqu'il vivait en 1140, c'est-à-dire vingt ans après la mort du B. Gérard.

Dans l'*Histoire de l'Ordre*, par Baudoin, (à laquelle le frère Anne de Naberat, prieur de Saint-Jean d'Aix, a ajouté *Le Recueil sommaire des privilèges de l'Ordre*), il est dit que Gérard est né à Martigues, en Provence.

Louis Moreri, prêtre, docteur en théologie, auteur du *Grand Dictionnaire historique*, (Paris, 1759), s'exprime ainsi : « Gérard, surnommé Thom (d'autres le surnomment Tenque)..... était provençal, natif de l'Isle de Martigues ».

On lit enfin dans le « *Dictionnaire des Ordres religieux et militaires*, Amsterdam, 1769, à l'article Malte, p. 188 : « Le B. Gérard, que quelques uns surnomment Tung, natif de Martigues, ville de Provence, était directeur de cet Hôpital (celui de Jérusalem) en 1099..... »

Nul critique ne discute plus aujourd'hui que Gérard fût français et originaire de Martigues. Ce point est acquis historiquement.

(1) Il y a aussi à propos de ce surnom plusieurs variantes. Certains auteurs écrivent Tune ou Tunq, ou encore Tung, d'autres Thum, Thom et Tom, enfin Tenque, qui est plus généralement adopté.

la famille des deux frères, puisqu'un Ordre peut être regardé comme la famille de celui qui l'a fondé, a eu une destinée bien différente. » (1)

Vers 1080, attiré par son ardente foi, Gérard quitta sa patrie, traversa les mers et, comme tant d'autres chrétiens d'Occident, qu'un secret et vif attrait portait alors vers le Saint-Sépulcre, il voulut lui aussi aller prier aux Lieux témoins des souffrances et de la mort de l'Homme-Dieu.

Le joug des califes d'Egypte pesait lourdement sur Jérusalem. Il n'était pas de vexations que n'eussent à subir les pèlerins. Pour leur assurer un abri, des marchands d'Amalfi (2), que leur négoce appelait fréquemment dans le Levant et que leur dévotion conduisait à Jérusalem, avaient obtenu, à prix d'argent, entre les années 1014 et 1023, l'autorisation de bâtir, près du Saint-Sépulcre, deux monastères, l'un d'hommes, l'autre de femmes auxquels furent joints des *hospices* ou hôtelleries (3), pour les étrangers.

(1) Honoré Bouche, *Histoire de Provence*, tome I, p. 321 ; tome II, p. 109.

(2) Ville d'Italie, près de Naples, sur le golfe de Salerne, dans la principauté Citérienne. Elle se rendit indépendante de l'autorité des empereurs d'Orient, au IXe siècle, et forma une république maritime florissante pendant plus de deux siècles. Au temps de la première Croisade, ses marchands rivalisaient dans tout l'Orient avec ceux de Venise.

(3) Le mot hôtellerie exprime exactement ce qu'était la partie du monastère où on logeait les étrangers. Pour désigner ce corps de bâtisse Guillaume de Tyr se sert de cette périphrase : « Xenodochium ubi sanos seu œgrotos collegerunt ». *Willelmi Tyriensis Archiep. Historia rerum in partibus transmarinis gestarum*, lib. XVIII, cap. IV. Cet ouvrage comprend, en tout, XXII livres et embrasse une période qui va de l'an 1095 à l'an 1184.

L'église adjacente, dédiée à la Sainte-Vierge, prit le nom de *Sainte-Marie la Latine* (1), parce qu'on y célébrait les saints mystères selon le rit latin, tandis que le rit grec était en usage dans les autres sanctuaires.

Les Bénédictins (2), venus d'Italie, peut-être du Mont-Cassin ou de la Cava, desservaient l'église. L'hospice destiné aux hommes fut mis sous le vocable de Saint-Jean l'Aumônier, patriarche d'Alexandrie, très célèbre en Orient. Celui des femmes, prit le nom de la sainte pénitente de l'Evangile, Marie-Madeleine. Les libéralités des riches Amalfitains pourvoyaient à l'entretien de ces pieuses et charitables fondations.

(1) L'ensemble des édifices de *Sainte-Marie la Latine*, s'élevait sur l'emplacement du premier établissement hospitalier fondé, plus de deux siècles auparavant, par ordre de Charlemagne. Le firman, par lequel les Amalfitains obtinrent du calife d'Egypte Mouzzafir, alors maître de la Ville Sainte et de son territoire, le droit de bâtir l'église, les monastères et les hôpitaux, est conservé dans le couvent des Franciscains, constitués depuis des siècles les gardiens du Saint-Sépulcre et des Saints-Lieux de Jérusalem. (Le marquis de Voguë, *Les Eglises de Terre Sainte*). — Heyd (Gesch. des Levantchandels im Mittelalter, vol. I, p. 116) conteste l'authenticité de ce firman ; mais aucun de ses arguments n'est péremptoire.

(2) D'autres disent des Chanoines réguliers de Saint Augustin. L'expression *de mandato Abbatis*, employée par Guillaume de Tyr, à propos de la nomination de Gérard, comme recteur de l'hospice de la Latine, nous incline à croire, selon l'opinion commune, que le monastère était occupé par les fils de Saint Benoît. De plus, Guillaume de Saint-Estène (San Stefano), frère hospitalier du prieuré de Lombardie, devenu ensuite commandeur de Chypre, (auteur d'une compilation sur les débuts de l'Hôpital, qui a pour titre *Exordium Hospitalis*, rédigée entre 1287 et 1290), dit expressément que les Amalfitains firent venir d'Italie des « moines noirs ». (Rome, Bibl. du Vatican, Mss. 4852). L'expression « moines noirs » désigne les Bénédictins.

Gérard, avec les autres pèlerins, fut abrité à l'hôpital de la Latine. « Un si saint, si important et si louable établissement, dit J. de Haitze, lui plut tant et fut si fort de son goût, qu'il résolut d'y consacrer le reste de ses jours. L'abbé et les religieux du monastère, qui reconnaissoient en Gérard une grande piété, accompagnée de beaucoup de jugement, furent ravis que la Providence leur eût adressé un si excellent personnage pour se reposer sur lui de la direction hospitalière des hommes. Ils l'associèrent avec une confiance entière à leur œuvre » (1). Ils lui en proposèrent peu après l'administration : Gérard accepta et fut institué recteur de l'hôpital *de mandato Abbatis*, selon l'expression de Guillaume de Tyr, que répète après lui Jacques de Vitry.

On comprend de quel secours fut cette maison hospitalière pour les pèlerins de Terre Sainte, quand on lit ce tableau des Chrétiens d'Orient tracé par le vieux chroniqueur Guillaume de Tyr (2), qui est le vérita-

(1) Pierre, Joseph de Haitze, *Histoire de la Vie et du Culte du bienheureux Gérard Tenque*. Aix, 1730, p. 37.

(2) Les premières pages de l'histoire des Guerres saintes ont été écrites en latin par le prêtre Tudebode (ou Tucbœuf), par Foucher de Chartres, Raoul de Caen, Raymond d'Aguilers. Tous avaient été du grand voyage. Baudry de Bourgueil, Robert de Reims, Guibert de Nogent, sans quitter la France, s'employèrent à paraphraser en meilleur latin la première relation de Tudebode. Albert d'Aix vint après eux. Il ne sort pas non plus de son Eglise et il écrit de la Croisade ce qu'il avait pu lire dans les relations déjà faites et ce que les chanteurs populaires et les pèlerins revenus de Palestine lui avaient raconté. — « Vers 1130, naissait en Syrie, l'historien proprement dit des premières Croisades. Fils d'un des compagnons de nos premiers Croisés, Guillaume fut d'abord envoyé en Occident, apparemment en France, pour y recevoir

ble historiographe des premières Croisades. « Un ducat d'or (200 fr. environ de notre monnaie), dit-il, était exigé de chaque pèlerin à l'entrée de la ville. Or, sur le parcours à franchir, avant d'atteindre le terme du voyage, les caravanes étaient d'avance attaquées et dépouillées par les Turcs, en sorte que, n'ayant plus absolument rien à l'arrivée, des milliers de pèlerins nus, sans vivres, mouraient sous les ardeurs du soleil. Les Chrétiens du pays, malgré les efforts de leur charité, ne suffisaient point, je ne dis pas à les nourrir, c'était impossible, mais à leur donner la sépulture. Quant aux rares étrangers qui pouvaient payer le tribut et entrer à Jérusalem, leur présence dans la Ville Sainte devenait un nouveau sujet de terreur pour les habitants chrétiens. S'ils n'étaient suffisamment escortés dans leurs visites aux stations saintes, les Infidèles les attaquaient violemment, leur crachant au visage et les bâtonnant jusqu'à ce que mort s'en suivit..... La position des indigènes n'était pas meilleure. La mort planait à chaque instant sur leur tête ; quand on ne les tuait pas, on les réduisait à une servitude pire que la mort. Pour comble de misère, les églises qu'ils entretenaient

l'instruction littéraire qu'on demandait aux clercs. Revenu à l'âge de vingt ans en Palestine, il devint successivement archidiacre de l'Eglise de Tyr, chancelier du roi Amaury, gouverneur du jeune héritier de la couronne, enfin archevêque de Tyr. Pour les premiers temps, il trouva ses principaux garants dans Albert d'Aix, Tudebode, Foucher de Chartres. Ceux-ci lui faisant défaut, à compter de 1120, il s'attacha aux plus récentes chroniques conservées dans les archives publiques et qu'il rapprocha de ses propres souvenirs. » M. Paulin Paris, *Histoire Générale des Croisades*, Paris, 1879, tome I ».

ou réparaient à grands frais, étaient perpétuellement envahies par les Infidèles. Ceux-ci choisissaient le moment où l'on célébrait le saint sacrifice ; ils entraient l'épée nue à la main, frappant à droite et à gauche, renversant le calice et les vases sacrés, les foulant aux pieds, s'assayant sur l'autel, brisant les marbres du sanctuaire et chargeant de coups les officiants » (1).

Comment, en un siècle de foi ardente, à la voix d'un Pierre l'Ermite, parcourant l'Europe et retraçant en traits de feu la peinture navrante de ces souffrances inouïes, les princes d'Occident et leurs peuples auraient-ils pu résister à l'appel suppliant, qui leur était adressé, de voler de l'autre côté des mers au secours de leurs frères outragés et de venger l'honneur du Christ ?

En attendant, la maison hospitalière confiée à Gérard était, pour les pèlerins, le toit bienfaisant et protecteur, où, à l'abri des cruautés sarrasines, ils pouvaient se remettre des fatigues d'un si long et si pénible voyage et trouvaient, quand ils arrivaient malades, ce qui était fréquent, avec les remèdes nécessaires, les soins les plus tendrement dévoués. Accueillir les étrangers avec tout l'empressement et toute la cordialité possibles, les nourrir, les servir de ses propres mains, pour honorer en eux Jésus-Christ lui-même, les combler d'attentions et de prévenances, telle était la vie habituelle du Bienheureux, tout

(1) *Willelmi Tyrientis Archiepiscopi Historia rerum in partibus transmarinis gestarum*, *lib.* I, *cap.* X. (Migne, Patrologie latine, t. CCI, col. 226).

appliqué à la pratique de la plus exquise charité. Son zèle ne se bornait pas là. Il se rendait au dehors, sur les points de la ville et des environs, où il soupçonnait qu'il trouverait des pèlerins arrêtés par la misère, la faim, le dénûment et en butte aux cruelles exigences de leurs implacables ennemis. Il leur portait des vivres, des vêtements, payait leurs rançons, leur rendait la liberté. « Ces actes de charité, qui sembloient reprocher aux Sarrasins les cruautez qu'ils exerçoient envers les pauvres Chrétiens étrangers, n'empêchoient pas qu'ils ne l'estimassent beaucoup et qu'ils ne le considérassent comme un personnage d'une vertu éminente. » (1).

Quand les Croisés, en 1099, investirent Jérusalem, Gérard sentit tressaillir de joie et d'espérance son noble cœur et pria beaucoup pour le succès de l'armée chrétienne. Le siège fut long, rude, héroïque. Godefroy de Bouillon duc de Lorraine, Robert duc de Normandie, Robert comte de Flandre, Raymond comte de Toulouse, Tancrède se partagèrent avec leurs guerriers les contours de la Ville Sainte. Mais les assiégés opposèrent une opiniâtre résistance. Tout manquait aux Croisés, les engins de guerre, les vivres, l'eau même et l'on était au fort des chaleurs. Gérard, si l'on en croit un manuscrit du XIIIe siècle, résolut, par les moyens en son pouvoir, de les aider. « Enfermé dans la ville, dit la vieille chronique, il continuait à servir les pauvres dans son hôpital. Mais, trois ou quatre fois par jour, il se rendait au rempart,

(1) De Haitze, l. c. p. 44.

et, pendant que la population musulmane lançait des pierres sur l'armée des Chrétiens, il y jetait des morceaux de pain, dont il avait eu soin de remplir son tablier en guise de pierres. Les soldats musulmans s'en aperçurent et dénoncèrent le fait au soudan. Celui-ci avait une grande estime pour Gérard, dont il admirait la charité. Il répondit aux dénonciateurs : « Quand vous le verrez jeter du pain aux Chrétiens qui nous assiègent, saisissez-le avec ses provisions et amenez-le moi : autrement je ne croirai pas à ce que vous me dites. » Quelques jours après, Gérard étant venu lancer encore du pain aux assiégeants, les sarrasins le saisirent et l'amenèrent à leur chef. Mais son tablier se trouva plein de pierres, en sorte que le soudan le fit mettre en liberté et lui dit : « Continue sans crainte à combattre avec nous. » Or, il ne faut point douter, conclue la vieille charte, que les pains, dont Gérard avait rempli son tablier, n'aient été subitement, par la puissance de Dieu, changés en pierres. » (1)

Toutefois, nous apprend Guillaume de Tyr, la persécution, à la fin, n'épargna point l'intrépide recteur de l'hospice de Saint-Jean. Les Turcs le chargèrent de chaînes et le jetèrent en prison parce que, ombrageux et défiants, ils le soupçonnaient d' « être d'intelligence avec les Chrétiens assiégeans, à cause de

(1) Ce récit est tiré d'une *Légende* ou *Vie du Bienheureux*, placée, au XIIIe siècle, en tête des Statuts de l'Ordre, communément attribués au grand maître Raymond du Puy, successeur de Gérard. La légende est donc postérieure aux Statuts, mais elle remonte à un temps si voisin des sources, qu'elle semble bien mériter quelque crédit.

l'excellence de son génie, qui leur était très connue... Puis, dans la croïence qu'il avoit de grandes richesses cachées, attendu les dépenses extraordinaires qu'il faisoit pour secourir les pauvres, ils le maltraitèrent impitoyablement, pour l'obliger à leur manifester ses trésors. Les mauvais et cruels traitements allèrent si avant, qu'il en eut quelques doigts des mains et des pieds rompus par la pesanteur et le serrement des chaînes dont il fut lié. » (1).

Au fond de son cachot, Gérard supportait, avec le calme et la résignation d'un saint, ces intolérables violences, quand le 15 juillet 1099, après la plus meurtrière des luttes, l'assaut le plus acharné et les plus admirables prodiges de vaillance, les Croisés purent enfin se rendre maîtres de Jérusalem (2). En ces jours d'héroïque carnage, soixante-dix mille Mahométans périrent par le glaive. Raimond d'Aguilers, témoin oculaire, assure que, dans le temple et sous le portique de la mosquée d'Omar, le sang s'élevait jusqu'aux genoux et jusqu'au frein des chevaux.

Les portes de sa prison s'ouvrirent et Gérard, rendu à la liberté, put mêler sa voix à celle des fiers conquérants, qui, au milieu d'un indescriptible élan d'enthousiasme et d'allégresse, faisaient retentir les airs de leurs cris de foi et de reconnaissance : Dieu le veut ! Dieu le veut ! Mais la joie de Gérard fut à son

(1) De Haitze, l. c. pp. 47-49.

(2) La Ville Sainte était au pouvoir des Arabes depuis l'an 636. Mahomet avait songé d'en faire le centre de sa nouvelle religion. Les Seldjoucides et les Fatimites s'en disputèrent longtemps la possession.

comble le jour où les Croisés célébrèrent le triomphe de leur expédition par leur entrée solennelle dans Jérusalem. La vraie Croix, enlevée autrefois par Chrosroès et rapportée par Héraclius, fut exposée à leurs regards. « *De ceste chose*, dit une vieille chronique, *furent les Chrestiens si joyeux, comme s'ils eussent veu le corps de Jésus-Christ pendu dessus icelle.* » Une longue et imposante théorie de guerriers en armes se déroula à travers la cité conquise. « Ils étaient devancés et suivis par des prêtres et des religieux en grand nombre, par les esclaves chrétiens, qui avoient été mis en liberté, les uns extropiez, les autres mutilez par la cruauté des Infidèles. Gérard parut à la tête de ceux-cy, avec les marques glorieuses de la dure prison, qui étant encore toutes fraîches, attiroient sur lui les yeux des spectateurs et le faisoient combler de louanges et de bénédictions..... Godefroy suivoit un si admirable cortège, non porté sur un char, mais à pied nud et tête nue, pour imiter celui, qui, dans cette ville, portant sa Croix dans une semblable alleure, lui avoit mérité l'honneur immortel d'être le principal ministre de la victoire, que cette même Croix venoit de remporter sur ses ennemis. » (1) Cette brillante et pacifique démonstration fut clôturée par une cérémonie d'action de grâces dans la basilique du Saint-Sépulcre.

« Godefroy voulut ensuite visiter l'hôpital que le bienheureux Gérard dirigeoit..... Il en loua publiquement l'auteur. Louanges d'autant plus glorieuses

(1) De Haitze, l. c. pp. 55 et 56.

et plus estimables, qu'elles partoient d'un homme qui étoit lui-même au-dessus de toutes louanges. » (1)

Dix jours après cette mémorable solennité, Godefroy de Bouillon, par les suffrages unanimes de l'armée, était proclamé roi de Jérusalem. (2)

Le pape Urbain II, le grand promoteur de la Croisade, mourut quatorze jours après la prise de Jérusalem et ne put se réjouir ici-bas de la victoire des Chrétiens, la nouvelle de cet heureux évènement n'ayant pu parvenir à Rome qu'après l'élection de son successeur, le pape Pascal II.

Ce que Charles Martel avait commencé dans les champs de Poitiers, Godefroy et ses compagnons venaient glorieusement de l'achever. Le bras de tous les peuples baptisés y avait contribué ; mais avant

(1) De Haitze, l. c. pp. 58 et 59.

(2) Le royaume de Jérusalem fondé en 1099, lors de la première Croisade, ne comprenait pas toute l'ancienne Palestine. Les principaux fiefs qui en dépendaient, étaient : les principautés d'Antioche et de Tibériade et les comtés d'Edesse et de Tripoli. Les coutumes féodales d'Occident y furent dès lors introduites. La législation très curieuse du royaume est connue sous le nom d'*Assises de Jérusalem*. Mal soutenu par les Chrétiens d'Europe et affaibli par de funestes dissensions, ce petit royaume, entouré par les Musulmans, perdit sa capitale et presque tout son territoire en 1187. Son agonie se prolongea jusqu'à la prise de Saint-Jean d'Acre, en 1291, par le sultan d'Egypte. Voici la liste des rois de Jérusalem : Godefroy de Bouillon, 1099 ; Baudoin Ier, 1100 ; Baudoin II, 1118 ; Foulque d'Anjou, 1131 ; Baudoin III, 1144 ; Amaury, 1162 ; Baudoin IV, 1174 ; Baudoin V, 1185 ; Guy de Lusignan, 1186 ; Henri de Champagne, 1192 ; Amaury de Lusignan, 1197 ; Jean de Brienne, 1209 ; enfin, l'empereur Frédéric II, 1229-1239. Depuis lors, plusieurs princes ont porté nominativement le titre de roi de Jérusalem, quoique ce ne fût plus qu'un souvenir. L'empereur d'Autriche et le roi d'Italie le portent encore.

tout le bras et l'épée de la France et, dans les rangs de ces héros de France, l'on comptait quantité de Provençaux, qui s'étaient noblement battus sous les ordres de leurs chefs, le comte Gilbert de Provence et Raymond de Toulouse, marquis de Provence par le Venaissin.

Le charitable prieur de Saint-Jean recueillit et soigna dans son hospice, qu'il dût agrandir à cette occasion, les blessés de ces héroïques combats. « Il s'acquit par là une si grande réputation, qu'il fut généralement considéré, aimé et respecté comme un père commun ; et son hôpital fut en si grande estime et vénération, qu'il fut visité de tout ce qu'il y avoit de Princes et de Grands parmi les Croisez, comme un lieu saint, comme l'azile toujours salutaire aux pauvres et aux malades. » (1)

Des aides devinrent nécessaires au Bienheureux, qui ne pouvait suffire seul, ou secondé à peine par quelques mercenaires, à un si grand labeur. « Aussi, dit Jacques de Vitry, Gérard s'adjoignit-il de nobles et pieux compagnons, que l'exemple de sa sainte vie et de son admirable charité groupa sous sa direction ; il les organisa en communauté et leur donna une règle. » Mais avant de rien entreprendre, il s'était ouvert de son projet au patriarche de Jérusalem Duitbert. Le patriarche le loua, l'encouragea beaucoup et lui conseilla d'adopter la règle de Saint Augustin (2), en l'adaptant au but spécial du nouvel

(1) De Haitze, l. c. p. 66.

(2) « Les Augustins considèrent Gérard comme de leur Tiers-Ordre et l'honorent comme tel. Il donna la règle tirée de celle

Ordre. Gérard se rangea à son avis et les Hospitaliers firent leur profession religieuse entre les mains du patriarche. Aux trois vœux de pauvreté, de chasteté et d'obéissance, ils ajoutèrent celui de « servir Dieu humblement et dévotement dans la personne des pauvres. » Leur habit était un vêtement noir, couvrant le buste et descendant jusqu'à mi-jambe, avec, au côté gauche, sur la poitrine, une croix simple de toile blanche (1). Leur temps se partageait entre la prière, la pénitence et les œuvres de charité. Au lieu des heures canoniales, qui leur étaient impossibles, ils devaient réciter un certain nombre de fois l'oraison dominicale. Tandis qu'ils avaient pour eux-mêmes une vie austère et mortifiée, ils entouraient de leurs plus tendres prévenances les malades et les pauvres, qu'ils appelaient « leurs seigneurs » et à qui ils réservaient, avec les meilleurs mets, le pain de pur froment, se contentant pour leur usage personnel d'un pain grossier mêlé de son. C'est Jacques de Vitry qui nous apprend cet édifiant détail. « Une sévère disci-

de S. Augustin. » Mabillon, t. v, p. 429.— Cette règle convenait admirablement à l'Institut nouveau, parce qu'elle « tendoit principalement à l'amour de Dieu et du prochain, qu'elle publie dès les premiers mots de sa texture et qui étoit la fin où visoit l'Ordre des Hospitaliers. » De Haitze, l. c. pp. 77 et 78.

(1) Cette croix de toile était une croix latine ordinaire. C'est Raymond du Puy, second grand maître de l'Ordre, qui adopta la croix octogone telle que l'ont portée depuis les Hospitaliers. La forme de cette croix serait un symbole. Elle aurait huit pointes « afin que chaque frère se souvienne d'avoir dans le cœur la croix de Jésus-Christ, armée des huit vertus qui l'accompagnent. » Ces huit « vertus » sont les huit béatitudes évangéliques.

pline, ajoute le même auteur, entretenait dans la communauté l'esprit de régularité et de ferveur. Les fautes, s'il venait à s'en produire, ne demeurèrent jamais impunies, de peur qu'une trop grande indulgence ne devint, pour les délinquants, un motif de s'oublier de nouveau. On arrachait au coupable la croix dont il s'était rendu indigne et on l'expulsait comme un membre pourri. La prison et les fers étaient le châtiment des pécheurs qu'on ne jugeait point incorrigibles. Les manquements moindres entraînaient des peines humiliantes, celle, par exemple, de manger à genoux la maigre pitance du réfectoire. » (1)

Se souvenant que son hôpital était bâti là même où, selon une respectable tradition, Zacharie, père de Jean-Baptiste, venait fréquemment prier, Gérard changea le nom de l'hospice, dédié jusque là à Saint Jean l'Aumônier, et lui donna le titre et le vocable de Saint Jean-Baptiste. Depuis la profession religieuse des Hospitaliers, leur maison cessa d'être tributaire du monastère de *La Latine*. Quoique, par humilité, Gérard continuât à porter, comme auparavant, les simples dénominations de préposé, recteur, proviseur, prévôt (2), l'hospice eut son autonomie et fut

(1) Jacobi Vitriaci *Historia Orientalis et Occidentalis*.

(2) Les titres qui désignent Gérard, dans les actes des vingt premières années du XIIe siècle, sont les suivants : *hospitalarius ; servus Ospitalis Sancte Jerusalem ; pater ipsius domûs ; prior ; servus et minister Hospitalis ; institutor ac prepositus Hierosolymitani Xenodochii ; fidelis elemosinarius qui preest Jerosolimitano hospicio ; Dei servus et procurator pauperum Christi*. (M. Delaville le Roulx, *Les Hospitaliers en Terre Sainte et à Chypre*, Ernest Leroux, éditeur, Paris, 1904, p. 39).

regardé comme le siège d'un Ordre, ne relevant que de l'autorité du patriarche.

D'un autre côté, l'hôpital destiné aux femmes, ayant à sa tête Agnès, noble et pieuse matrone romaine, reçut la même règle et les mêmes constitutions et l'Ordre de Saint-Jean de Jérusalem compta, suivant l'usage en vigueur au Moyen-Age, deux familles, celle des frères Hospitaliers et celle des sœurs Hospitalières. » (1)

Très populaire à cause de l'immense bien qu'il faisait, l'Institut naissant fut aussitôt l'objet des plus grandes libéralités de la part du roi Godefroy (2) et des chefs de la Croisade. Grâce à leurs largesses, on fonda en Palestine même des habitations ou hôpitaux sur les routes les plus fréquentées des pèlerins. C'est l'origine de ce qu'on nomma plus tard les comman-

(1) Ces religieuses subsistèrent à Jérusalem jusqu'à la prise de cette ville par Soliman, en 1187. Un an après, la reine Sanche d'Aragon établit à Sigena des moniales, à qui elle fit prendre la même règle et qui furent placées sous l'autorité du grand maître de l'Ordre de Saint-Jean de Jérusalem. Il y a eu aussi, en France, des maisons des sœurs de l'Ordre, dites « chanoinesses de Malte », à Saint-Antoine de Beaulieu et à Saint-Marc de Montel, en Quercy, ainsi qu'à Saint-Antoine de Vienne, en Dauphiné.

(2) A cette époque, on n'institua que des maisons en Orient. Aucune fondation ne fut faite en Europe. Le domaine de Brabant notamment, que jadis posséda l'Ordre, ne vient pas des magnificences de Godefroy de Bouillon, (comme à tort on l'a cru longtemps), mais des libéralités d'un autre Godefroy, duc de Basse-Lorraine, pèlerin de Jérusalem, en 1183. Il fit don aux Hospitaliers d'un hôpital fondé par lui dans l'alleu de Montagne-Froide, aujourd'hui Candemberg, près de Bruxelles. M. Delaville le Roulx a été assez heureux pour retrouver la charte de cette donation. *De prima origine Hospitalariorum Hierosolymitanorum*. Paris, 1885, pp. 64 et 125.

deries. « Le bienheureux Gérard faisoit régner, par toutes ces maisons, son esprit, en manière qu'on eut dit qu'il s'y reproduisoit. Parmy les frères il n'y avait autre différence, sinon que les uns, qui faisoient le petit nombre, étoient prêtres et clercs : les autres laïcs, et tous également occupez au service des pauvres (1) ». Suivant les aptitudes, on donnait le supériorat aux uns comme aux autres. Facile était la tâche de ces supérieurs, car généralement tous les sujets de l'Ordre, « animèz de l'esprit du bienheureux Gérard, vivoient dans une exacte observance des constitutions monastiques et régulières (2) ».

Godefroy mourut après seulement quelques mois de règne. Ce fut un deuil public à Jérusalem. Nul n'en fut plus affligé que Gérard, dont l'illustre héros s'était si hautement déclaré, dès la première heure, le dévoué protecteur. Baudoin Ier, frère du roi défunt, lui succéda. Il s'empressa de témoigner à son tour au Bienheureux et à son œuvre toute son estime et sa plus entière bienveillance.

Le patriarche Duitbert descendit lui aussi dans la tombe et Dieu permit que, par de coupables intrigues, un intrus, Ebremar, s'emparât du siège patriarcal. Mais le pape Pascal II, qui en fut informé, envoya, en qualité de légat apostolique, l'archevêque d'Arles Gibelin, pour présider un concile où l'indigne intrus fut déposé. Avant de se séparer, le concile choisit Gibelin lui-même comme patriarche. Ce choix causa une grande joie à Gérard, qui voyait monter sur le

(1) De Haitze, l. c. p. 98.
(2) De Haitze, l. c. p. 99.

siège de Jérusalem l'ancien archevêque d'Arles, dans le diocèse duquel il était né (1).

Un grand nombre de ceux qui étaient venus en Orient pour la Croisade, attirés par les exemples du Bienheureux, lui demandèrent, quoique de grande naissance pour la plupart, de devenir ses disciples et firent humblement entre ses mains leur profession. Gérard bénissait Dieu de ces merveilleux progrès ; mais, sentant le poids des ans et sa fin s'approcher, pour procurer, dans l'avenir, toute la solidité désirable à son Institut, en sollicita l'approbation du Saint-Siège. Le pape agréa sa demande et adressa « à son vénérable fils Géraud (2), fondateur et prévôt de l'hopital de Jérusalem » une bulle plaçant l'Ordre sous le patronage immédiat de l'Eglise romaine et sous la protection du bienheureux Pierre, prince des Apôtres ».

Le pontife énumère plusieurs annexes déjà érigées en Occident. Il veut qu'elles gardent à perpétuité leur titre de Saint-Jean de Jérusalem « sans que nulle puissance, séculière ou régulière, ait le droit de les soustraire à la juridiction de Géraud et de ses suc-

(1) L'île de Saint-Genès, centre de l'agglomération, qui est devenue Martigues, patrie de Gérard, était dans le diocèse d'Arles et y est restée jusqu'au Concordat de 1801. Depuis lors, les deux sièges archiépiscopaux d'Arles et d'Aix ayant été réunis, le lieu de naissance du Bienheureux est sous la juridiction de l'archevêque d'Aix, qui porte en même temps le titre d'archevêque d'Arles, sans pourtant y résider.

(2) Nous avons déjà indiqué les nombreuses variantes du nom du saint fondateur des Hospitaliers. Etant donnée l'importance du document où elle se trouve, celle-ci est l'un des exemples les plus dignes de remarque.

cesseurs légitimement élus en Chapitre général » (1). Cette bulle, donnée à Bénévent le 15 des calendes de mars (2) 1113, confère aux Hospitaliers le privilège de l'exemption de l'Ordinaire et reconnaît leur existence canonique dans toute l'Eglise. Aussi, est-ce de cette date que part, dans les listes officielles des suprêmes dignitaires de l'Ordre, le commencement du généralat du pieux fondateur (3).

Le bon renom de Gérard et de son œuvre s'était vite répandu en Europe. Les pèlerins, à leur retour, en racontaient merveille. « Ces récits firent qu'on désira d'avoir chez soi des établissements de cet Institut hospitalier » (4). Ces maisons de charité, où les pauvres et les malades indigènes trouvaient également asile, étaient surtout destinées, comme celles d'Orient, à servir de stations, à l'aller et au retour, aux fidèles qui faisaient par dévotion le voyage de Terre Sainte.

La première de ces fondations occidentales fut l'hospice prieural de Saint-Gilles, en Languedoc, créé en 1111 par l'initiative et les libéralités de Bertrand, fils de Raymond, comte de Toulouse. On choisit cette ville parce que, à trois lieues de là, était un port d'où

(1) Migne, *Patrologie latine* t. CLXIII, col. 314. — La bulle de Pascal II, à la manière antique, fut souscrite par sept cardinaux ou évêques. C'est une des plus anciennes qui existe sur la confirmation des Ordres religieux.

(2) Le 15 février, selon notre façon actuelle de compter.

(3) Voir spécialement le « *Ruolo Generale del Sov. Mil. Ordine di S. Giovanni di Gerusalemme ovvero di Malta*, Roma, Poliglotta, 1900.

(4) De Haitze, l. c. p. 112.

de nombreux vaisseaux partaient fréquemment pour l'Orient et y abordaient. Est-ce Gérard qui, à la tête de quelques-uns de ses disciples, vint lui-même faire cette fondation, comme l'assurent certains auteurs? (1) Aucun document ne le prouve : c'est d'ailleurs peu probable, car la présence du Bienheureux parait avoir été indispensable à Jérusalem, dans cette période, si voisine de la Croisade, où guerriers et étrangers affluaient dans son hospice et dans les maisons qu'il venait d'établir sur divers points de la Palestine (2). Mais qu'il les ait amenés lui-même ou qu'il les ait seulement envoyés, il n'est pas douteux qu'il se soit appliqué à choisir pour la nouvelle fondation des frères sans reproche et d'une vertu éprouvée. L'hôpital de Saint-Gilles fut dans la suite élevé à la dignité de grand prieuré (3), et, à cause de son

(1) De ce nombre est Jean Raybaud, *Histoire des Grands Prieurs et du Prieuré de Saint-Gilles*. Tome I, p. 8. (Mss. n° 858, Bibliothèque Méjanes).

(2) En 1110, le roi Baudoin Ier confirme la possession des Hospitaliers et énumère dans ce document les fondations de Jérusalem, Naplouse, Jaffa, Acre, Ascalon, Azot (Esdoud), Césarée, Caco (Qaqoun), Cayphas (Khaifa), Capharnaum, Rame (Ramleh), S. Georges (Lydda), S. Abraham (Hébron), et Jéricho. — (Delaville le Roulx, *Cartul.* vol. I, n° 20).

(3) Le grand prieuré de Saint-Gilles eut sous sa dépendance jusqu'à 54 commanderies. Les revenus de ses terres, seigneuries et domaines, en 1777, s'élevaient à 33.321 livres 10 sols (comte de Grasset, *Essai sur le Grand Prieuré de Saint-Gilles*). Voici l'énumération de ces possessions : 1° la maison prieurale avec ses domaines, la moitié du port et la quatrième partie du péage de Saint-Gilles ; 2° les domaines de La Fosse, Argence ou Sainte-Anne, Venderelle, Claire Farine, Canavère, La Pinède, Le Mas de Larage de Listel, les terres de Courtel et Aladel, le château et la seigneurie de Générac, le fief de Frigolet ; 3° une maison à Aiguesmortes ; 4° les monastères

antiquité vénérable, il fut toujours considéré comme celui qui occupait le premier rang dans la *langue* de Provence et dans l'Ordre tout entier.

L'impulsion une fois donnée, les créations occidentales ne s'arrêtèrent pas là.

A Arles, en 1118, l'église et l'hôpital de Saint-Thomas furent donnés à Gérard par l'archevêque Arton. Ce fut l'origine de la commanderie de Trinquetaille.

Géraud II, évêque de Sisteron de 1110 à 1124, appelait d'autre part les Hospitaliers dans son diocèse, du vivant de leur fondateur. Il les établit dans la vallée de Manosque. Leur demeure, au commencement du XIIIe siècle, fut transférée au château même des comtes de Forcalquier. Ce fut d'abord une commanderie, puis un bailliage. La date très reculée de sa fondation fit classer cette maison jusqu'à sa ruine en 1793, avant tous les autres bailliages, étant le premier de ceux qui dépendaient du grand prieuré de Saint-Gilles, qui tenait lui-même, ainsi qu'il vient d'être dit, le premier rang dans la hiérarchie des grands prieurés de l'Ordre.

Enfin, en 1120, eut lieu la fondation de l'hôpital de Saint-Remy, si connu, dans les annales des Chevaliers de Saint-Jean de Jérusalem, sous le nom de grand prieuré de Toulouse. Ce fut l'évêque de cette ville,

de Saint-Antoine de Beaulieu et de Fieux, en Quercy ; 5° la suzeraineté de la baronnie de Vitrolles ; 6° enfin, l'hôpital prieural à Arles où le siège du grand prieuré se transporta, après la bataille du 27 septembre 1562, livrée à Saint-Gilles, entre Catholiques et Protestants, dans laquelle la victoire resta à ceux-ci, qui pillèrent et ruinèrent l'église et la maison des Hospitaliers.

Amélius, qui, sur la demande de Gérard, jeta les fondements de cet hospice (1). En peu de temps, la maison devint elle aussi des plus importantes. L'année qui suivit sa fondation le prélat permit à Gérard, *prieur de l'Hôpital de Saint-Jean de Jérusalem*, d'acquérir des biens fonds tant ecclésiastiques que laïques dans son diocèse. Mais l'acte de cette concession n'arriva à Jérusalem qu'après la mort du Bienheureux. Ce fut au grand maître Raymond du Puy, son successeur, que parvint ce document.

En même temps il fallut créer, dans l'Italie méridionale et en Sicile, les hôpitaux d'Asti, Pise, Bari, Otrante, Messine (2) ; en Espagne, ceux de Vallesa, Boveda, Saint-Martin de Taniol et Saint-Mamez (3) ; en Portugal, une province entière (d'Idanda à Velha) fut offerte à l'Institut naissant (4) ; enfin, en Angleterre, était faite la donation de Clerkenwell, probablement dès l'année 1100 (5).

Cette rapide extension de l'Ordre joannite et son étonnante prospérité sont la démonstration sans réplique qu'il répondait à un véritable besoin et venait à son heure.

En 1114, un tremblement de terre désola tout

(1) *Histoire générale de Languedoc* par Dom Devic et Dom Vaissette (Toulouse, Edouard Privat, tome IV, note LXVI : Evêques de Toulouse ; XXXII, Amélius Raymond du Puy, p. 353).

(2) M. Delaville le Roulx, *Cartulaire général de l'Ordre des Hospitaliers de Saint-Jean de Jérusalem*, vol. I, nº 30.

(3) M. Delaville le Roulx, *Cartulaire*, vol. I, nos 38, 33, 44.

(4) M. Delaville le Roulx, *Cartulaire*, vol. I, nº 34.

(5) M. Delaville le Roulx, *Cartulaire*, vol. I, nº 2.

l'Orient et couvrit de ruines horribles la Cilicie et l'Isaurie. Gérard en prit occasion pour déployer son zèle à secourir les survivants de cet affreux désastre. Il distribua d'abondantes aumônes et recueillit dans ses hôpitaux ceux qui n'avaient plus d'abri.

L'infatigable ouvrier de telles œuvres pouvait à présent achever sa longue et utile carrière. Au-delà de ses prévisions et de ses espérances s'était providentiellement réalisé le rêve d'ardente charité de son grand cœur.

En 1120 (1), Gérard mourut à Jérusalem universellement aimé et vénéré, à l'âge de quatre-vingt ans.

Sa sainteté fut aussitôt proclamée par la voix populaire, écho de la reconnaissance des malades et des pauvres au service desquels s'était épuisée son admi-

(1) Bosio, de Haitze, Vertot, d'autres auteurs, font mourir Gérard en 1118. Cette opinion est à présent complètement abandonnée. La concession de l'évêque de Toulouse Amélius, relative aux biens à acquérir, faite en 1121, établit que Gérard n'est pas mort avant 1120 et qu'il n'était plus vivant en 1121. « Nous faisons, dit la charte, donation à vous Gérald, prieur de l'hôpital de Jérusalem dans ce pays, comme représentant le seigneur Gérard, qui nous en avait prié avant sa mort et nous le confirmons à Raymond, son successeur, » — La date de 1120 est adoptée par M. Delaville le Roulx. « Gérard chef incontesté de l'Ordre nouveau, dit-il, apparait pendant les vingt premières années du XIIe siècle, dans un grand nombre d'actes, d'origine et de provenances fort différentes, qui ne laissent aucun doute, malgré la diversité des titres par lesquels ils le désignent..... Le dernier acte de date certaine qui le mentionne est du 19 juin 1119. » Et, en note, le docte historien-paléographe, ajoute, avec référence (*Cartulaire*, vol. I, n° 48), cette remarque : « Ce document infirme le témoignage des auteurs qui font mourir Gérard en 1118 et contre lequel Pauli (Cod. dipl. I, 330) et P. A. Paoli (Dell' Origine, 190) avaient énergiquement protesté. » Les *Hospitaliers en Terre Sainte et à Chypre*, p. 39. Paris, 1904.

rable vie. Selon l'usage alors en vigueur (1), le patriarche de Jérusalem introduisit dans les dyptiques de sa glorieuse et illustre Eglise le nom de Gérard, avec le titre de *bienheureux* ou de *saint*, synonymes à cette époque.

Foucher de Chartres nous a transmis les distiques gravés sur sa tombe. Voici cette épitaphe, qui nous fixe sur le jour de la mort du Bienheureux :

GERARDVS JACET HIC, VIR HVMILLIMVS INTER EOOS :
PAVPERIBVS SERVVS, ET PIUS HOSPITIBUS ;
VILIS IN ASPECTV, SED EI COR NOBILE FULSIT.
PARET IN HIS LARIBUS QVAM PROBVS EXSTITERIT.
PROVIDVS IN MVLTIS FACIENDO DECENTER AGEBAT,
PLVRIMA PERTRACTANS MVLTIPLICI SPECIE.
PLVRIBVS IN TERRIS SVA SOLVS BRACCHIA TENDENS,
VNDIQUE COLLEGIT PASCERET VNDE SVOS.
SEPTIES ET DECIES ORTO SVB VIRGINE PHŒBO,
AD SVPEROS VEHITVR ANGELICIS MANIBVS. (2)

(1) Le mot *canoniser* étymologiquement signifie mettre dans le catalogue, ou *canon* officiel, le nom d'un serviteur de Dieu, jugé digne, à cause de ses éminentes vertus, de recevoir publiquement le culte de dulie. Chaque évêque, pour son diocèse, en synode, rendait jadis ce jugement. Cela dura jusqu'au commencement de la seconde moitié du XIIe siècle. Saint Galtier de Pontoise fut encore canonisé, en 1153, par l'archevêque de Rouen. Mais Alexandre III, qui occupa la chaire de Saint Pierre de 1159 à 1181, réserva au Saint-Siège, comme cause majeure pour laquelle l'autorité papale était seule désormais compétente, l'acte public de la canonisation des Saints. Par sa célèbre bulle du 3 avril 1200, le pape Innocent III confirma pour toujours la constitution d'Alexandre III.

(2) Ci-git Gérard, le plus humble des Orientaux : serviteur des pauvres, compatissant envers les étrangers, simple d'aspect, mais noble de cœur. On voit dans ces murs combien il fut bon. Prévoyant, actif, se multipliant pour pourvoir à tout, il tendit la main au loin, afin de recueillir de quoi nour-

Raymond du Puy, successeur immédiat de Gérard, comme grand maître, aux devoirs de l'hospitalité ajouta l'obligation de prendre les armes pour protéger les pèlerins et défendre les Saints Lieux. Il y eut dès lors la milice de l'Hôpital, comme il y avait déjà la milice du Temple (1), et l'Ordre des Hospitaliers, sans cesser d'être une institution charitable fut aussi une institution militaire. Onze ans à peine après la mort de Gérard, Innocent II, dans une bulle donnée à Saint-Jean de Latran, la deuxième année de son pontificat, en 1131, les appelle : « Ceux par qui Dieu purifie l'Eglise d'Orient des souillures des Infidèles et terrasse les ennemis du nom chrétien. » Un bref du pape Alexandre IV, en 1259, les autorise à porter en campagne sur leurs armures une chlamyde rouge, avec la grande croix blanche, signe distinctif de l'Ordre. Ce fut l'origine de l'étendard et ensuite du blason des Hospitaliers : *de gueules à la croix d'argent.* Transplanté, en 1292 de la Terre Sainte à Chypre ; en 1310, de Chypre dans l'île de Rhodes ; puis, en 1530 (2), sur l'aride rocher de Malte, l'Ordre des frères de Saint-Jean de Jérusalem, qui s'intitule *la Religion,* peu à peu se convertit en milice maritime et,

rir les siens. Le dix-septième jour du passage du soleil sous le signe de la Vierge (3 septembre), il fut porté au ciel par la main des Anges. *Gesta Francorum Iherusalem peregrinantium.* Histoire occid. des Croisades, tome III, p. 446.

(1) Les Templiers.

(2) L'acte de donation de l'île aux chevaliers de Saint-Jean par Charles-Quint, en 1530, est conservé et exposé dans la galerie des Armures du palais des grands maîtres à Valletta, à côté de la trompette qui sonna leur départ de Rhodes.

sous cette forme nouvelle, fait la police des mers et inflige par de justes représailles aux corsaires barbaresques les maux dont l'Europe était accablée par la piraterie musulmane.

Honneur à ces vaillants défenseurs de la civilisation et de la liberté ! Honneur au saint qui les engendra ! Les siècles ont passé, mais le rayon de foi qui illumina le berceau de son Ordre dore encore de tout son éclat le souvenir des exploits de ses fils et l'impérissable mémoire du pacifique héros, source première de tant de gloire.

Pl. II.

Tête en argent repoussé de l'antique reliquaire
de *Manosque*.
(Œuvre de Pierre Puget, XVIIe siècle).

SECONDE PARTIE

Les Reliques
ET
Le Culte en Provence
DU FONDATEUR DES HOSPITALIERS

Jusqu'à la grande Révolution, « on voyait dans la chapelle du château de Manosque une châsse en bois doré décorée des armoiries de Villiers de l'Isle-Adam, grand maître de Malte et de celles de Jean de Boniface qui fut bailli de Manosque ; au-dessus de l'armoire qui la renfermait se lisait cette inscription :

HIC JACENT OMNIA OSSA BEATI GHERARDI

« A côté un buste en argent repoussé, dû au marteau de Puget, reproduisait les traits de Gérard, l'humble fondateur des Hospitaliers de Saint-Jean de Jérusalem, et le tableau de l'autel représentait Notre-Dame de Filerme, si chère aux habitants de Rhodes, ayant à sa droite Jean Baptiste et à sa gauche, c'est-à-dire à la place d'honneur, Gérard rendant la vue à un aveugle.

« Mais la tourmente révolutionnaire a soufflé par là ; le château a été rasé, la châsse brûlée, le buste fondu, le tableau lacéré, les reliques jetées au vent ; à peine si une main pieuse a recueilli quelques parcelles de ces restes vénérés, pendant qu'une supercherie louable sauvait du creuset la tête que Puget sculpta (1). Cette œuvre du grand artiste est aujourd'hui conservée à l'Hôtel-de-Ville de Manosque » (2).

Géraud II, évêque de Sisteron, qui siégea de 1110 à 1124, appela les Hospitaliers dans son diocèse et leur fit don de l'église de Saint-Pierre, dans la vallée de Manosque (3). Le château bâti par les comtes de Forcalquier leur fut donné, avec une partie du domaine temporel du lieu, le 3 des calendes de juin 1149. Cette donation fut faite par le comte Guigues. Mais à la mort de ce prince, quand, au nom de l'Ordre, le frère Arnaud de Massagès, grand prieur de Saint-Gilles, se présenta pour prendre possession de la place, la puissante famille du défunt s'opposa aux droits des Hospitaliers et prétendit même leur ôter l'hôpital de la vallée et l'église de Saint-Pierre. Il fallut que, de la part du pape Eugène III et comme son légat, Guilhem de Bénévent, archevêque d'Em-

(1) Voir la reproduction de la tête en argent de cet artistique reliquaire, planche II.

(2) *Le Plutarque Provençal*, Marseille 1855 : art. Gérard Tenque, par M. Damase Arbaud.

(3) Le titre de cette donation a été perdu. Peut-être la fondation fut-elle purement verbale, comme celle de Puimoisson, faite en faveur de l'Ordre, quelques années plus tard, vers 1125, par Augier, évêque de Riez. Toutefois, l'un des successeurs de l'évêque Géraud II la confirma en 1155 et déjà le grand maître avait fait construire, près de l'église de Saint-Pierre, la maison des religieux appelée l'*hôpital*, comme toutes les fondations d'alors. (Jean Raybaud, *Histoire des Grands Prieurs et du Prieuré de Saint-Gilles*, tome I, p. 17).

brun, intervint. Par ses soins, on signa une transaction. Les Hospitaliers étaient maintenus en possession de tout ce qui leur appartenait à Manosque avant la mort de Guigues et de plus ils obtenaient que les châteaux de Manosque et de Toutes-Aures appartinssent désormais moitié à l'Hôpital, moitié aux comtes de Forcalquier. En 1168, les donations du comte Guigues furent pleinement ratifiées par le comte Bertrand III, en l'église de Notre-Dame de Manosque, en présence de l'archevêque d'Aix, des évêques de Sisteron et d'Apt et d'autres personnages de marque. Enfin la veille des nones de février 1208 (4 février), ces donations furent irrévocablement confirmées par le comte Guilhem IV. Après le décès de ce prince, les Hospitaliers s'installèrent au château sans abandonner pour cela Saint-Pierre (1), dont ils continuèrent à desservir l'église. La commanderie de Manosque dépendit, dès sa fondation, du grand prieuré de Saint-Gilles ; elle fut érigée en bailliage en 1472, sous le grand maître Jean Baptiste Orsini.

Columbi nous donne la description de ce château, tel qu'il existait au XVIIe siècle et tel, selon toute probabilité, qu'il exista, à peu de choses près, dès l'ori-

(1) Le frère Bérenger Monachi, commandeur de Manosque, ayant, le 12 juillet 1283, fait une fondation dont le revenu devait être employé en œuvres pies et le restant pour améliorer la nourriture des frères de cette maison, à certains jours de l'année, ordonna entre autres qu'il leur serait donné 15 *sols* le jour de la fête de Saint Pierre ès-liens, *attendu*, dit-il, *que l'église de la vallée de Manosque, qui appartient à l'Ordre de l'Hôpital a été construite en l'honneur de Dieu et de Saint Pierre et qu'elle est le commencement de tout ce que l'Ordre possède dans la vallée de Manosque.* (Jean Raybaud, l. c., t. I, p. 17).

gine. « Ce palais est carré, dit-il ; chacun de ses angles est arrondi par une tour. Il y en a une carrée au milieu de ses faces, à l'exception de celle du Nord. Les unes et les autres sont d'un travail solide, remarquable par leur élévation et sont agréablement terminés par des crénaux. Il est entouré en entier d'un fort retranchement, qui partant du fond d'un grand fossé, garantissait, avant qu'on le négligeât, son extrémité intérieure ; car, quant à l'extérieure, elle a été détruite par le temps, pour ne rien dire de plus. On y arrive par deux ponts-levis : l'un est sur le fossé où l'on aperçoit le retranchement, l'autre est à la porte du palais. Après l'avoir franchie, on entre dans une cour immense, entourée de toute part d'amples bâtiments qui, dignes par leur élégance et leur majesté du prince qui les a fait élever, sont soutenus par leur propre masse et semblent faits pour être habités par des colons qui seraient uniquement occupés du soin de veiller sur la campagne. » (1)

N'est-ce pas l'exceptionnelle résistance, qu'en cas d'attaque, pouvaient opposer ces tours et ces murs crénolés, qui valut à Manosque — très probablement dès l'époque des désastres des Latins en Palestine et de la perte des couvents des Hospitaliers dans le royaume anéanti de Jérusalem, — d'être choisi pour servir de refuge aux reliques du saint fondateur de l'Ordre ? Toujours est-il que, dès le XIIIe siècle, une notable partie du corps du Bienheureux y était déjà. En voici la preuve.

(1) Joan. Columbi, S. J., *Urbis Manuascæ Libri tres* ; Lyon 1662, liv. III, p. 304.

En 1283, le commandeur Béranger Monachi (1) règle qu'il sera distribué, *afin d'améliorer* le régime de ses frères, *quinze sols*, à certains jours de l'année, notamment le jour de la fête du bienheureux Giraud, « *dont le corps, ainsi qu'il est manifeste, repose dans la chapelle du palais, en une châsse d'argent doré, ornée de pierreries* » (2).

Plus tard, en l'an 1400, après la mort de Jean de Savines, commandeur de Manosque, un frère visiteur, envoyé tout exprès par le grand prieur de Saint-Gilles, fait l'inventaire du mobilier du château et du trésor de la chapelle. L'acte porte qu'il trouve : « *Une châsse d'argent doré dans laquelle est le corps*

(1) Dans la liste des commandeurs, puis des baillis de Manosque, avec celui du commandeur Béranger Monachi (1280-1293), déjà commandeur de Saint-Jean d'Aix, citons au moins quelques noms : le commandeur Hélion de Villeneuve, frère de Sainte Roseline, qui fut aussi commandeur de Saint-Jean d'Aix et élu grand maître en 1319 ; le commandeur Sixte de la Rovère, neveu du pape Jules II, 1495 ; le bailli Jean de Boniface la Molle, qui prend possession le 15 mai 1536, y transfère la portion des reliques du bienheureux Gérard jusque là conservée ailleurs et reçoit dans son bailliage le roi François Ier ; le bailli de Lussan Carbonneau, qui confie à Pierre Puget, l'illustre sculpteur marseillais, le soin d'exécuter un reliquaire en argent ciselé en forme de buste, pour y enfermer le chef du saint fondateur ; le bailli Jean-Augustin de Grille, qui, avec la permission du grand maître, cède, en 1728, des ossements du bienheureux Gérard aux habitants de Martigues ; enfin le bailli de Cabres-Roquevaire, le dernier avant la ruine du bailliage et son insigne bienfaiteur, mort à Aix, en 1784.

(2) « *In festo B. Girandi cujus corpus, ut manifestissime dicitur, est in dicta capella in quadam pretiosissima arca argentea deaurata cum multis lapidibus pretiosis.* » Archives des Bouches-du-Rhône ; Fonds de Malte, H. 675. — Voir aux *Documents*, IIIe partie de cette étude, n° 1.

du bienheureux Giraud : pareillement un bras du bienheureux Giraud recouvert d'argent » (1).

Le Conseil de ville, réuni le 16 mai 1427, approuve une dépense de « *huit deniers* », faite par le *clavaire* (trésorier) « *en faveur de chacun des hommes qui ont porté à la procession la châsse du bienheureux Giraud.* » (2)

Enfin, le 26 octobre 1486, à l'occasion du serment, fait par procureur, du nouveau bailli, frère Philippe de Manoyralia, les syndics de Manosque, qui, suivant l'usage viennent y assister, sont reçus au palais, « *dans la galerie, qui se trouve sous la chapelle de saint Gérald.* » (3)

Que conclure de ces irrécusables documents ? Il en résulte indubitablement que dans la chapelle du château, devenue définitivement, depuis 1208, celle des Hospitaliers de Manosque, on possédait des ossements d'un saint personnage appelé tantôt Giraud, tantôt Gérald, que son culte y était en grande vénération, qu'on portait ses reliques en procession, avec le concours du peuple de la ville et des environs. Mais n'est-ce pas précisément parce qu'il s'agit du chef de son Ordre, et uniquement à cause de cela, que le frère

(1) *In primis quædam capsa deaurata in qua est corpus B. Giraudi. Item unum brachium B. Giraudi coopertum de argento* ». Archives des Bouches-du-Rhône ; Fonds de Malte, H, 635.

(2) « *Ordinaverunt acceptari in computis dicti claverii.... denarios octo quos de mandato dominorum syndicorum solvit pro uno illorum qui portaverunt capsam B. Giraudi dum fecerunt processionem* ». Archives municipales de Manosque.

(3) « *In galeria subtus capellam sancti Geraldi* ». Archives municipales de Manosque; délib. de l'année 1486, p. 343, v°.

Béranger Monachi, au XIIIe siècle, veut améliorer le régime du réfectoire, comme en une fête de famille, le jour consacré à honorer le Bienheureux ? Et qu'a-t-il besoin de donner à Gérard sa qualité de fondateur ? Il ne peut y avoir de doute ni pour le commandeur, ni pour ses frères. De leur temps, comme il en sera dans la suite aux XIVe et XVe siècles, la vérité est éclatante ; nul ne songe à le contester : *C'est une chose très manifeste* qu'on a là le corps du saint fondateur des Hospitaliers, qui, dans le langage populaire, à Manosque, est usuellement appelé Giraud, (1) suivant l'une des nombreuses variantes de son nom, ou encore Gérald, selon une autre de ces variantes. Et parce qu'on a de lui des ossements importants, on les désigne, comme il n'est pas rare au Moyen-Age, par cette emphatique expression *le corps*.

Ces conclusions, pourtant si simples et toutes naturelles, ont rencontré, de nos jours, des contradicteurs (2). Nos adversaires nous opposent les doutes de Jacques Bosio, chargé d'écrire l'histoire des Chevaliers de Saint-Jean de Jérusalem par le grand maître Hugues Loubens de Verdalle, qui occupa le suprême rang de l'Ordre de 1582 à 1595. Voici textuellement ce que dit Bosio : « Quelques-uns pensent que le corps du bienheureux Gérard, premier recteur de l'hôpital

(1). Aujourd'hui encore, à Manosque, le peuple prononce Giraud, *sant Giràu*, quoique, dans les Archives, ce soit le nom de Gérard qui soit le plus souvent employé.

(2) M. Damase Arbaud, *Le Plutarque Provençal*, art. Gérard Tenque, Marseille, 1855, et M. l'abbé Féraud, curé de Sièyes, *Les Saintes Reliques de la chapelle du château de Manosque*, Digne, 1885.

de Saint-Jean de Jérusalem, fût transporté dans la suite des temps, en Provence, dans une église du noble bourg de Manosque, qui appartient à la Religion, dans la chapelle du château de cette ville. Il y est en très grande vénération, à cause de nombreux bienfaits que la divine Majesté se complait à répandre sur les hommes de ce pays par son intercession. Les Chevaliers provençaux affirment que toutes les fois que ce pays a besoin de pluie, on porte processionnellement le corps de ce Bienheureux et que jamais Dieu n'est resté sourd à ses prières. D'autres, au contraire, veulent que ces reliques ne soient pas celles de Gérard, premier recteur de l'hôpital, mais bien les restes d'un autre Gérard, dont la légende manuscrite m'a été adressée, au moment de mettre ce livre sous presse, par frère Guillaume de Vassadel Vaqueyras, bailli moderne de Manosque, chevalier d'un grand mérite et très valeureux. *Qu'il en soit comme on voudra ; dans les choses du passé, où l'on ne voit pas clair, le mieux est de laisser la vérité où elle se trouve* » (1).

On comprend que l'italien Bosio s'intéresse peu aux choses de Provence. D'ailleurs il n'aime pas à trancher les controverses. — Nous l'avons déjà constaté à propos de la nationalité de Gérard. — Aussi, malgré la légende qu'il reçut du vaillant chevalier, bailli de Manosque, ni il n'affirme, ni il ne nie : il laisse le

(1) *Ma sia come si voglia ; nelle cose antiche, delle quale non s'ha chiara notizia, gli e bene di lasciar la verita a suo luogo.* Giacomo Bosio, *Historia della sacra religione e illustrissima militia di S. Giovanni Hierosolimitano*, 3 in-f°, Venise 1696, tome I, p. 57.

lecteur choisir. Puisque le choix est libre, le nôtre ne saurait être douteux : nous gardons nos chères traditions et nous sommes reconnaissants à Bosio lui-même (aux yeux de qui la *légende manuscrite* n'a sûrement pas eu grande valeur, puisqu'il n'a pas cru devoir en faire état) de nous confirmer dans notre foi provençale aux reliques de Manosque.

Ainsi donc il y a eu au château de Manosque, dès la fin du XIIIe siècle, *quelque chose* des reliques de saint Gérard. Mais puisque, d'après l'inscription rapportée plus haut, *tout le corps* s'y trouvait, à la fin du XVIIIe siècle, quand donc y fut apporté ce qui manquait d'abord ?

Suivant l'opinion très généralement admise, c'est le frère Jean de Boniface la Molle, nommé bailli de Manosque en 1529, et qui en prit possession en 1536, qui déposa cette dernière portion des reliques du Bienheureux dans la chapelle du bailliage.

« Si nous ne nous trompons, lit-on dans une solide dissertation sur ce sujet (1), Columbi est le premier à parler de cette translation ». Voici les expressions de Columbi (2) : « *Bonifacius in eam* (capellam) *induxit corpus beati Gerardi* (3) ». L'affirmation de Columbi est-elle d'un grand poids ?

(1) *Histoire religieuse et hagiologique du diocèse de Digne*; article, le Bienheureux Gérard Tenque par M. le chanoine Andrieu, Aix, 1893, p. 269.

(2) Jean Columbi, S. J., né à Manosque, alla, à l'âge de dix ans, étudier à Avignon, et à 16 ans entra dans la Compagnie de Jésus. (D'après la dédicace même de son ouvrage).

(3) Columbi, l. c., liv. III, p. 305.

« A l'aspect de ce livre, écrit-il dans l'avant-propos de son ouvrage, vous serez étonné peut-être, mon lecteur, que sur le grand nombre de villes plus considérables qu'il y a dans toute la France, j'aie choisi Monosque, pour en écrire l'histoire...... Chacune d'elles a, suivant son importance, des historiens capables d'en relater avec soin et élégance toutes les beautés. Je dois parler de Manosque, *parce que je suis complètement instruit de celles qui lui sont particulières : c'est ma patrie. Je ne dirai rien de ce qu'il m'en a coûté pour acquérir ces connaissances. Jean-Antoine Audifred, avocat au Parlement d'Aix, qui a parcouru tout le cartulaire du pays, avec un zèle infatigable, m'a amicalement communiqué, et avec la dernière exactitude, tout ce qu'il en a recueilli. Forcé de s'instruire sur des chartes fort anciennes, il lui a fallu très souvent lutter contre les vers et la poussière. Il a fréquemment couru après des caractères qui échappaient à ses regards, sur des feuilles à demi rongées. Mais ce travail plaisait à cet homme excellent : il travaillait pour sa patrie* » (1). Eh bien ! ce scrupuleux historien, à qui un compatriote non moins consciencieux, son patient collaborateur, a communiqué tous les documents puisés aux sources du *cartulaire du pays*, à qui donc serait-il suspect ? Aussi J. de Haitze (2)

(1) Columbi, l. c., avis préliminaire, « l'auteur au lecteur ».

(2) « On ne sçait point quand, ni pourquoi son corps (celui de Gérard) a été porté à Manosque. Seulement on conjecture que cela a pu être en quatre rencontres différentes. La première est, lorsque le siège de son Ordre quitta la terre ferme d'Asie, pour se retirer en l'isle de Chypre ; la seconde, lorsque cette principale maison conventuelle fut transférée de cette isle en

Achard (1), le père Barrière (2) et bien d'autres n'ont-ils point hésité à le suivre.

celle de Rhodes, que ses chevaliers avoient conquise ; la troisième, lorsqu'elle fut contrainte d'abandonner cette deuxième isle, d'où ses sujets réguliers prenoient ordinairement le nom, pour chercher ailleurs une résidence convenable ; la quatrième, lorsqu'elle fit quelque séjour à Nice, depuis l'année mil cinq cens vingt huit, sous la lieutenance générale de Grand Maîtrise, que le Baillif de Manosque *Jean de Boniface*, exerçoit, pendant que le Grand Maître de Villiers, faisoit le voyage d'Angleterre pour affaire de sa Religion. La vraissemblance seroit très grande pour cette dernière conjoncture, d'autant qu'aprez la perte de Rhodes, cette relique ne pouvoit décemment, depuis prez de dix ans errer, pour ainsi dire, avec le siège de cet Ordre, tantôt sur mer, tantôt sur terre, tantôt dans une contrée, tantôt dans l'autre, outre le danger de la perdre dans cette incertitude de demeure par quelque accident imprévu et inévitable » ..... « Puis comme si ce Baillif (Jean de Boniface) ne pouvoit vivre éloigné du corps de son fondateur, ce qui pourroit faire croire qu'il étoit l'auteur de sa translation à Manosque, il passa le reste de ses jours en cette ville. Aussi Columbi assure positivement que ce fut lui qui l'y apporta en mil cinq cens trente, et Bouche en mil cinq cens trente quatre. Ce serait donc de Rhodes à Nice que cette sainte Relique auroit été portée à Manosque. » — De Haitze, l. c. pp. 153 et 154.

(1) « Après tant de travaux employés à la gloire du Seigneur, le bienheureux Gérard expira dans les bras de ses frères presque sans maladie, en 1118. (Il faut lire en 1120). Saladin s'empara de Jérusalem en 1187. Les Hospitaliers, obligés de quitter cette ville, se retirèrent à Rhodes, où ils emportèrent les précieux restes de leur fondateur. Mais contraints d'abandonner cette île en 1522, Jean de Boniface de la Molle, en Provence, porta le corps du bienheureux Gérard à Manosque dont il était bailli. Pour rendre à ce précieux dépôt l'honneur qui lui était dû, il lui dédia une chapelle qu'il fit bâtir dans son palais et qu'il orna de belles peintures. Les ossements du bienheureux Gérard sont conservés dans cette chapelle ». Achard, *Dictionnaire des hommes illustres de la Provence et du Comtat Venaissin*, Marseille, 1786, t. II, pp. 248 et suiv., art. Tenque.

(2) « Il est certain que ce fut Jean de Boniface qui mit dans la chapelle le corps du bienheureux Gérard Tenque, et que

Mais qui est ce Jean de Boniface? Est-ce un chevalier ordinaire ? N'arrive-t-il pas dans son bailliage dans des circonstances exceptionnelles ? N'a-t-il pas récemment joué, dans les plus graves conjonctures, un rôle de tout premier ordre ?

« Honoré de la confiance du grand maître Villiers de l'Isle Adam, qui l'avait fait son lieutenant et lui avait confié le soin de poursuivre les négociations auprès de Charles-Quint pour la cession de l'île de Malte, ce fut lui qui en prit possession au nom de l'Ordre (1), et il dut y rester même après la mort de

c'est à lui à qui la ville est redevable de ce sacré dépôt, et c'est depuis lors que ce Bienheureux y est honoré d'un culte particulier..... Selon la commune opinion ces reliques furent apportées de Malte à Nice et de Nice à Manosque par Jean de Boniface, bailli de cette ville en 1534 ou 1535 ». (C'est plus exactement 1536). Le père Barrière, *Histoire de la Ville de Manosque* (ouvrage manuscrit).

(1) La flotte de la *Religion* sortit de Rhodes le 1er janvier 1523. Le pape Adrien VI accueillit le grand maître Villiers de l'Isle Adam avec tous les égards dûs à son courage et à ses malheurs. Clément VII, son successeur, qui, avant d'entrer dans l'état ecclésiastique, avait été membre de l'Ordre, porta beaucoup d'intérêt aux Hospitaliers et leur assigna Viterbe pour résidence. Il prit l'initiative de leur faire obtenir Malte et en fit lui-même la demande à Charles-Quint, après qu'il l'eut couronné de ses propres mains à Bologne. Les négociations furent longues : de 1523 à 1530, le grand maître reçut jusqu'à 24 lettres de l'empereur. Le traité, par lequel furent cédées à l'Ordre l'île de Malte et les îles adjacentes, porte la date du 12 mars 1530. « Le grand maître et le conseil n'eurent pas plutôt reçu et examiné le diplôme qui contenait la donation de Malte qu'ils dépêchèrent deux des principaux commandeurs pour en remercier l'empereur au nom de l'Ordre. Ils envoyèrent en même temps une copie authentique d'un acte aussi important au prieur Salviati leur ambassadeur à Rome et neveu du pape, afin qu'il en obtint la confirmation de ce pontife, le premier supérieur de l'Ordre. Clément l'accorda avec beaucoup de joie en plein Consistoire ; et pour

son insigne bienfaiteur, jusqu'à l'arrivée du nouveau grand maître Pierre du Pont, précédemment bailli de Sainte-Euphémie, dans la Calabre. C'est ainsi que, quoique nommé bailli de Manosque en 1530, Jean de Boniface ne peut venir prendre possession que dans le mois de mai 1536. Il met d'autant plus de hâte à restaurer de fond en comble le palais qu'il avait à y recevoir le roi François Ier, à son second passage, revenant encore d'Italie. Les travaux furent poussés avec une telle vigueur que la restauration était complètement finie le 31 juillet 1537. Ce fut alors que l'ancienne chapelle bâtie au-dessus de la *salle verte* fut abandonnée et qu'on en construisit une autre au rez-de-chaussée et à la droite des bâtiments du palais. Pour perpétuer le souvenir de cette restauration, le brave bailli fit apposer l'inscription suivante au-dessus de la porte principale du palais :

REVERENDUS ET STRENUUS MILES, FRATER JOANNES BONIFACII, PRÆSENTIS FABRICÆ RESTAURATOR, SUPERILLUSTRIS DOMINI FRATRIS PHILIPPI DE VILLIERS L'ISLE ADAM, SACRÆ DOMUS HOSPITALIS SANCTI JOANNIS HIEROSOLYMITANI MAGISTRI LOCUM TENENS, BALLIVUS MANUASCÆ, PRÆCEPTOR PRÆCEPTORIORUM DE

rendre cet acte plus solennel, il en fit dresser et publier une bulle en date du 25 avril. Le grand maître envoya en Sicile, de la part de la Religion, Hugues de Copones, général des galères de l'Ordre, et Jean de Boniface, bailli de Manosque, pour prêter serment de fidélité entre les mains d'Hector Pignatelli, duc de Monteleon, vice-roi de Sicile. Les ambassadeurs s'acquittèrent de ce devoir dans l'église de Palerme, et après les cérémonies ordinaires, ils reçurent l'acte d'investiture que le vice-roi leur remit au nom de l'empereur ». Vertot, l. c. t. III, pp. 87 et 88.

LA CHAPELLE MASSILIÆ, VALENTIÆ ET SANCTI CHRISTOPHORI, IN PRIORATU DE SANCTO ÆGYDIO, HÆC POSTERITATI RELINQUENDA CURAVIT. DIE ULTIMA JULII 1537. (1)

Peut-on s'étonner de voir ce puissant chevalier emporter, pour prix de ses services et joindre, en son bailliage, à celles qui y étaient déjà, les reliques du bienheureux Gérard, liées jusque là au sort des grands maîtres, à travers tant de vicissitudes ?

Depuis la perte de Rhodes, l'Ordre avait fait l'expérience des plus dures épreuves. La sagesse ne commandait-elle pas de placer tous les restes du saint fondateur en un lieu absolument à l'abri de nouvelles surprises toujours possibles de la part des Turcs, ces implacables ennemis du nom chrétien, plus particulièrement acharnés contre les Hospitaliers ? Et où donc déposer plus sûrement ces ossements sacrés, que dans ce bailliage de Manosque, merveilleusement protégé à la fois par la nature montagneuse de la Haute-Provence et par les robustes murailles du vieux château féodal des comtes de Forcalquier ?

« Boniface, nous apprend Columbi, mit, sur l'autel de la chapelle, un tableau pour ainsi dire divisé en

(1) M. l'abbé Féraud, curé de Sièyes, l. c. pp. 15 et 16. — Cet auteur s'est visiblement inspiré ici de Columbi ; c'est à lui qu'il emprunte l'inscription latine dont voici la traduction : « Le révérend et vaillant chevalier, frère Jean de Boniface, restaurateur du présent monument, lieutenant du très illustre seigneur, frère Philippe de Villiers l'Isle Adam, grand maître de la sainte Maison, l'Hôpital de Saint-Jean de Jérusalem, bailli de Manosque, commandeur des commanderies de la Chapelle de Marseille, de Valence et de Saint-Christophe, dans le prieuré de Saint-Gilles, a pris soin de cet ouvrage qui doit passer à la postérité. Le dernier jour de juillet 1537 »,

deux parties. Sur la partie supérieure, est le Christ en croix, ayant la Vierge, sa mère, à sa droite, et l'apôtre Jean à sa gauche. Au centre de la partie inférieure, on voit la Vierge Marie qu'on nomme de Filerme (1) ; elle a à sa droite Jean-Baptiste et à sa gauche Gérard. Ceux-ci, suivant l'usage très ordinaire de l'Eglise, sont debout devant le Christ en croix. Il est bon de dire pourquoi Jean-Baptiste a eu la droite sur Gérard. C'est que celui-ci considérait, comme le père de son Ordre, le précurseur du Seigneur ; il a mis son Hôpital sous sa protection ; enfin il lui a dédié une église jointe à l'Hôpital..... Revenons au tableau placé par Boniface sur l'autel. Il est sur un degré en bois, de la hauteur d'un palme ; la peinture qui est sur la face antérieure, représente au milieu l'Ange annonçant à la Vierge qu'elle deviendra mère de Dieu ; à droite, le baptême du Christ par Jean, son précurseur, et, à gauche, Gérard qui rend la vue à un aveugle » (2).

Mais poursuivons. Voici des faits précis, attestés par d'irrécusables documents.

Très austère à l'origine, la règle des Hospitaliers

(1) Filerme est une montagne de Rhodes, où se trouvait un sanctuaire dédié à la Sainte-Vierge. De la montagne, le tableau de *Notre-Dame de Filerme* fut transporté dans la ville, en l'église de Saint-Marc et y opéra beaucoup de miracles. Au premier siège de Rhodes, l'église de Saint-Marc, par la violence de la guerre, fut démolie, mais, sous ses ruines, l'image sacrée fut retrouvée intacte. Plus tard, enfin, en quittant Rhodes, les Chevaliers l'emportèrent comme leur égide et leur sauvegarde et y introduisirent son culte, en s'établissant à Malte.

(2) Columbi, l. c., p. 307.

fut mitigée en 1458 par le pape Pie II. Dans la période qui suivit, ce fut pour l'Ordre une ère de relâchement à peu près général. Dans beaucoup d'endroits la conventualité fut négligée. A Manosque, elle alla d'abord en décroissant pour cesser complètement dans la seconde moitié du XVIe siècle. Il n'y eut plus au château à poste fixe ni baillis, ni frères, ni chapelains. Un prêtre de la ville vint y offrir le saint sacrifice de la messe, les dimanches et les jours de fête. A la fin, les saints mystères n'y furent plus du tout célébrés.

Aussi, quand, en Provence, on est subitement informé du prochain passage de Louis XIII (1) et de son désir de visiter le château conventuel de Manosque, l'Ordre s'émeut-il. L'assemblée capitulaire de Saint-Gilles, tenue à Arles, le 14 avril 1628, sous la présidence du grand prieur Jacques de Mauléon-Labastide délègue aussitôt le frère Philippe Vitallis, *prêtre collégial* (2) *de Saint-Gilles et prieur de Saint-Jean de Roquebel* et lui donne mission d'aller au bailliage délaissé pour aménager convenablement l'appartement du roi et de sa suite et pourvoir la chapelle

(1) Après la prise de La Rochelle, Louis XIII se porta au secours de Gonzague de Nevers qui défendait, contre les compétitions de l'Espagne et de la Savoie, les duchés de Mantoue et de Montferrat, qui lui revenaient par droit de succession. Mais les Protestants du Languedoc, avec le duc de Rohan à leur tête, se révoltèrent et, malgré les neiges de l'hiver, Louis XIII repassa les Alpes, au mont Genèvre, pour se rendre ensuite dans le Midi de la France révolté. Ce fut l'occasion de sa venue à Manosque.

(2) La collégiale de Saint-Gilles, composée de quatre religieux et de deux clercs, à la nomination des grands prieurs, fut fondée en 1506, par le prieur Charles Alleman de la Rochechinard et augmentée par les libéralités de ses successeurs. (Jean Raybaud).

de ce qui sera nécessaire pour le service divin, qu'il célèbrera lui-même, pendant tout le séjour du monarque. Vitallis, sans perdre de temps, arrive, quatre jours après, le 18 avril. Il trouve la chapelle dans un état déplorable d'abandon (1). Il n'y avait plus ni ornements, ni vases sacrés, ni lampes brûlant devant les saintes reliques, *ni chose quelconque*, dit le procès-verbal dressé à cette occasion, *fors et excepté un vieulx restable à l'antique auquel avons veu estre dépeinct l'image de Nostre-Dame de Filerme, à dextre Saint Jehan Baptiste et à senestre Saint Gérard.*

Le délégué du grand prieuré de Saint-Gilles convoque les notables de la ville et, en leur présence, procède à la reconnaissance des reliques. Dans le coffret qui les renferme, on trouve :

« Premièrement le crane sive (ou) teste dudict « bienheuréux sainct Gerard ;

« Los du bras avec laultre petit os ;

« Les deux os des jambes et cuises (sic) se tenant ensamble par moyen de la cher (sic) et peau de laquelle se treuvent encores revestus, lesquels os des cuises sont de deux pans et demy de long le chascung ;

(1) Cet abandon est dû au relâchement, déjà signalé, de la fin du XVIe siècle. Comme seigneur du pays, le bailli de Manosque avait à rendre la justice et à châtier les coupables de son domaine. C'est ce qui explique, dans cette période de tiédeur religieuse, où le moine disparut trop souvent sous l'homme de guerre et le chef féodal, comment l'un des baillis de Manosque, Charles de Grasse-Briançon, à qui fut soumis le pays de 1586 à 1603, put abuser de ses droits seigneuriaux jusqu'à vendre les cloches de la chapelle de saint Gérard et à transformer cette chapelle elle-même en prison, osant ainsi la désaffecter malgré la présence des reliques du Bienheureux, qui néanmoins continuèrent d'y être conservées.

« Plus unze os appelles les vertebres, quy sont nus (nœuds) du long de leschine, quy se tiennent ensamble par le moyen de la cher et peau desquels sont encore revestus ;

« Aussy y a plusieurs costes separees ;

« Encores toute lesterne (le sternum) separee en deux pieces, y estant toute la cher musculuze quy est proprement la peau et cher du devant de lestoumac et vantre ;

« Plus los sacrum dict lestoumac revestu de peau ;

« Les deux os des illes revestus de la cher et peau ;

« Le tout avec une odeur nompareille, envelloupes d'ung linge blanc, aussy blanc et entier comme sy on le luy avoyt mis cejourd'huy.

« Plus avons treuve dans ledict coffre ung bras dargent y ayant de relliques dedans sans escriteau ni crystailh.

« Et finallement avons treuve dans ledict coffre ung aultre petit coffret a la mosaïque, y ayant dans icelluy plusieurs relliques, que tout avons renferme dans le dict coffre et remis icelluy coffre dans l'armoire. » (1)

« Nous retrouvons donc au XVIIe siècle, remarque judicieusement M. le chanoine Andrieu (2), les anciennes reliques. C'est le bras d'argent porté dans l'inventaire de l'an 1400. C'est le coffret « à la mosaïque », c'est-à-dire la châsse d'argent, dont les parois,

(1) Archives des Bouches-du-Rhône ; Fonds de Malte, H. 675. — Voir cet acte reproduit en entier aux *Documents*, n° 2.

(2) *Histoire religieuse et hagiologique du diocèse de Digne*, p. 270.

incrustées d'une multitude de pierres précieuses (1), ressemblaient à une mosaïque. Ces deux reliquaires, le verbal le constate, contenaient leurs reliques. Nulle autre relique insigne n'avait été signalée avant le XVIe siècle. Or, que trouvons-nous de plus maintenant ? Un corps momifié, avec presque tous ses ossements. D'où vient ce corps ? Ceux qui nient la translation opérée par Boniface auraient dû se le demander ; y ont-ils seulement pris garde ? Pour nous, la présence de ce corps est la preuve matérielle de l'assertion de Columbi.

« Ce n'est pas tout. Deux circonstances viennent corroborer ce que nous avons dit jusqu'à présent.

« Il est à remarquer que l'inventaire précédent mentionne les os des deux jambes et parle seulement d'un bras. L'explication de cette particularité saute aux yeux. L'autre bras avait été détaché depuis longtemps : une partie se trouvait dans le reliquaire en forme de bras ; la châsse contenait le reste avec d'autres ossements. Cette concordance est frappante. En voici une autre.

« Jean de Boniface déposa le corps du bienheureux dans un coffre de bois décoré. Il y plaça également le bras d'argent avec la châsse ou coffret, et enferma le tout dans une armoire au haut de laquelle il fit mettre ces mots : *Hic jacent omnia ossa beati Gherardi.* « Ici reposent tous les ossements du bienheureux Gérard. » *Tous* ; cette fois, le mot y est, et à bon droit. »

(1) *Cum multis lapidibus preciosis* ; Acte du 11 juillet 1283 ; *Documents*, n° 1.

Il semble que rien n'ait été négligé dans la suite pour réparer le coupable oubli de jadis et veiller désormais sur un dépôt aussi sacré.

Le chapitre provincial du grand prieuré de Saint-Gilles se tint en 1630, non à Arles, mais dans le château même de Manosque (1), sous la présidence du frère François de Boniface de la Molle, commandeur de Puimoisson, comme le plus ancien de ceux qui étaient présents. On y décida, entre autres choses, la confection d'un buste en argent, pour y placer le crâne de saint Gérard et pouvoir, le jour de sa fête, selon la coutume, le porter plus commodément en procession. On y régla aussi qu'un treillis en fer serait posé devant l'armoire des reliques, afin de les mieux protéger à l'avenir, les Carmes et les Observantins (2), à qui, depuis la période de délaissement de la chapelle, avait été alternativement confiée la garde de ces reliques, en ayant soustrait des fragments pour leur dévotion particulière (3).

(1) Archives des Bouches-du-Rhône; Fonds de Malte, v, XII.

(2) Dans son procès-verbal de 1628, frère Philippe Vitallis dit : « *Et en apres icelluy* (le coffre) *fermé les clefs de laquelle caisse et armoire avons jugé à propos les retirer des mains des Pères Observantins, pour icelles presenter a mon dict seigneur le Grand Prieur et a son chapitre pour la conservation d'ung tel thresor.....* » C'est parce qu'il avait recueilli sur place des plaintes contre ces religieux, à propos de leurs pieux larcins, qu'il prend sur lui de leur ôter la garde des clefs, sauf décision ultérieure du grand prieur et de son chapitre. Son initiative fut pleinement approuvée et la mesure prise par lui rendue définitive dans l'assemblée provinciale, tenue à Arles, le 8 mai 1629. — Voir aux *Documents*, n° 2, le procès-verbal du frère Vitallis et les lignes, qui suivent, signées *Reybaud*, notaire.

(3) Archives des Bouches-du-Rhône; Fonds de Malte, H, XII. — Voir *Documents*, n° 3.

Le frère Jean-François de Puget-Chasteuil, qui fut bailli de 1625 à 1634, s'empressa d'obéir aux décisions prises.

Aussi, quand son successeur Jean de Flotte la Bâtie-Monsaléon prit possession du bailliage, le 29 janvier 1656, on dressa un inventaire où il est dit :

« Tout le corps dudit saint Gérard est dans un (sic) grand armoire bien fermé d'une porte d'un bon gril de fer, et quasi tout le corps dudit saint est dans une caisse au-devant de laquelle sont les armes de illustre Mgr le grand maître, et des autres côtés les armes de Boniface, jadis baillif; les clefs de laquelle ledit messire Laurens nous a dit avoir été retirée (sic) par MM. de la Religion, en Arles, pour les fermer dans les archives (1). De plus, partie du vaintebre (vertèbre) et quelque autre pièce de reliques est dans une grande teste et moitié de corps relevé ou sont les armes de Puget (François de Puget-Chasteuil). Il y a de plus un bras d'argent où il y a un doigt dudit saint » (2).

« Cette pièce, dit M. le chanoine Andrieu, est d'accord avec la précédente, sauf sur un point. La châsse ou coffret ne paraît plus, mais à sa place, un buste en argent de saint Gérard. Il est plus que probable que la vieille châsse avait fourni la matière nécessaire pour confectionner le nouveau reliquaire. Le bailli de Lussan-Carbonneau ne trouvant pas celui-

(1) Nous avons déjà donné le motif de cette décision, datant de 1629.

(2) Archives municipales de Manosque, Ka, 15.

ci assez beau, en commanda un beaucoup plus considérable à Puget, le célèbre sculpteur marseillais. Pendant la tourmente révolutionnaire, ce chef-d'œuvre en argent repoussé fut réquisitionné pour être jeté au creuset. Une supercherie louable parvint, toutefois, à sauver la tête. Aujourd'hui, on peut encore admirer l'œuvre du grand artiste : elle est conservée à l'Hôtel de Ville, dans la salle du conseil. Malheureusement on a eu l'idée de le couvrir d'une ignoble couche de peinture (1).

« Il faut regretter davantage la perte des reliques. Brûlées et jetées au vent pendant la Révolution, à peine si une pieuse main put en recueillir quelques parcelles. Après le rétablissement du culte, elles furent confiées à l'abbé Pascalis, curé de Saint-Sauveur, qui les déposa dans le tombeau du maître-autel de son église. Ces reliques furent reconnues, lorsque, en 1841, on changea la disposition du chœur et qu'on avança l'autel sur le devant de l'abside. Il parait qu'on ne les mit pas à leur place ; car, en 1878, l'autel ayant été de nouveau déplacé, on les a vainement cherchées dans le tombeau ; on ne les a plus trouvées.

« M. l'abbé Bousquet, curé de Notre-Dame, nous a montré une relique de saint Gérard, avec un certificat d'authenticité signé par M. Sauteiron, vicaire général de Mgr Lafitau » (2).

(1) Depuis que ces lignes ont été écrites, cet horrible badigeon a disparu. Quoique mutilée cette pièce d'art, fait encore grand honneur au célèbre artiste qui en est l'auteur. — Nous en donnons la reproduction, planche II.

(2) *Histoire relig. et hagiol.* du diocèse de Digne, p. 271. — Mgr Lafitau fut évêque de Sisteron de 1719 à 1764.

Martigues, patrie de Gérard, autrefois dans le diocèse d'Arles, actuellement dans celui d'Aix, possède les plus belles reliques qui subsistent encore du Bienheureux.

En 1727, au nom de leurs concitoyens, le viguier et les consuls de la ville s'adressèrent au grand maître pour obtenir de lui l'autorisation de faire ouvrir le reliquaire de Manosque et d'emporter l'un des précieux ossements de leur illustre compatriote.

Voici la réponse qu'ils reçurent :

A Malte, le 11 7bre et par D[s] le 20 n[bre] 1727.

« Sieurs Viguier et Consuls, Nous sommes sensibles aux veux (sic) que vous faites pour notre conservation, Nous les croyons très sincères ce qui nous engage à vous accorder la demande que vous nous faites dans votre lettre du 15 aoust. Pour cet effet nous écrivons au vénérable Bailly de Manosque et lui permettons de vous donner quelque précieuse relique du corps du Bienheureux Gérard Tunc, fondateur de notre Ordre. Nous ne pouvons que louer l'empressement que vous nous témoignès dotenir (sic) cette faveur de nous, n'ignorant pas que ce grand homme est originaire de votre ville et nous voyons avec satisfaction que sa naissance vous parait la chose la plus glorieuse pour votre patrie. Il est donc bien juste que vous possédiès un gage si précieux. Sur ce nous prions Dieu, Sieurs Viguier et Consuls, qu'il vous tienne en sa sainte et digne garde » MANOËL. (1).

(1) Archives municipales de Martigues, volume portant au dos : *Délibérations du 8 juin 1720 au 14 Xbre 1738.* —

Dès le 4 janvier 1728, le conseil de la « communauté de cette ville du Martigues » s'assemble, enregistre la lettre du grand maître et déclare que, avec cette lettre, les consuls en ont reçu une autre « à cochers volans pour M. le bailly de Manosque où le corps du bienheureux Gérard est inumé » (sic)..... et qu'en faisant parvenir cette lettre du grand maître « à M. le bailly de Manosque, ils l'accompagneront d'une lettre de politesse de leur part et en ce qui est des moyens et de la dépense qu'il faudra faire pour aller prendre la relique, il y sera pourvu quand il sera temps » (1),

Mais le chevalier Jean-Augustin de Grille (2), bailli de Manosque ne put répondre, étant malade à Arles. Aussi le 1er février « jour du st Dimanche, à l'issue des vêpres, dans l'hôtel commun de cette ville du Martigues, de l'autorité, présence et réquisition de Mrs Jean Ardisson, Paul Gilloux et Jean Bleymet, conseillers du Roy, consuls et administrateurs de la communauté de cette ville de Martigues », le conseil se réunit à nouveau « en absence de M. le Viguier, le

Nous avons conservé l'orthographe de cette pièce telle qu'elle a été insérée dans le registre, à la suite de la délibération du 4 janvier 1728, que nous donnons *in extenso* aux *Documents*, no 4.

(1) Archives municipales de Martigues ; séance du 4 janvier 1728, ci-dessus mentionnée.

(2) Jean-Augustin de Grille, né à Arles et baptisé, en cette ville, en la paroisse Saint-Martin, le 28 août 1643, était fils de Jacques de Grille et de Marguerite de Badet. Reçu chevalier le 20 mars 1660, il fut successivement commandeur d'Homps de 1713 à 1717 ; de la Tronquière en 1720 ; d'Aix en 1721 ; grand commandeur le 5 mai de la même année ; enfin bailli de Manosque du 10 juin suivant à sa mort, survenue, à Arles, le 10 janvier 1731.

bâton de justice étant sur le bureau » et l'on décide que « M. Gilloux consul, accompagné de M. le prieur de l'Isle, se rendrait incesamment audit Arles, auprès dudit sieur bailly pour prendre avec lui les arrangements et mesures convenables pour avoir ladite relique et faire par raison de ce tout ce que lesd[ts] S[rs] députés trouveront à propos, approuvant la dépense » (1).

Au retour des « S[rs] députés », le 8 février, « jour du saint Dimanche à l'issue des vêpres », s'assemble encore le conseil de Martigues. « Auquel conseil, ledit s[r] Gilloux, consul, prenant la parole dans ses quatre mois (2) a dit que par le conseil du premier du courant il fut député à Arles, avec M. le prieur de l'Isle, auprès de M. le bailly de Manosque pour avoir dudit sieur bailly la permission d'aller prendre en la ville de Manosque une relique du bienheureux Gérard Tunq, fondateur de l'Ordre de Malte, natif de cette ville ; qu'étant à Arles ils ont trouvé auprès dudit s[r] Bailly de Manosque toutes les facilités du monde qui leur a dabor (sic) fait un acte par d[t] Me Beuf, not[re] (3), portant permission d'aller prendre ladite relique avec pouvoir à Messire Fougasse, prêtre de l'Ordre de Malte, de faire l'ouverture de la caisse ou repose le Bienheureux et l'accompaigner en cette ville

(1) Archives municipales de Martigues. — Voir aux *Documents*, n° 6.

(2) Chaque quartier (l'Ile, Jonquières et Ferrières) avait son consul qui, au cours de l'année, pendant quatre mois, présidait le Conseil de Ville.

(3) Voir cet acte passé à Arles, le 6 février 1728 ; *Documents*, n° 8.

et du tout dresser procès-verbal par une personne légitime ; que cet acte a été ensuite communiqué à Mgr l'Archevêque ou à M. son Grand Vicaire qui y a donné son approbation et ordonné que la relique sera accompaignée dans la ville en procession, et comme cette affaire et si fort avancée et qu'il ne reste que d'aller prendre cette sainte relique, il a fait assembler le conseil pour en prendre les moyens, à quoy il a requis de dellibérer.

« Sur quoy le conseil s'estant fait faire la lecture de cet acte, a dellibéré qu'il sera enregistré à la suitte du présent conseil, et en ce qui est des moyens qu'on doit prendre pour faire venir cette relique dans la ville, comme la comté n'est guère en état de faire de la dépense et que d'ailleurs il se présente plusieurs habitants qui offrent de faire le voyage à Manosque à leurs dépens, le conseil a dellibéré que tous les frais en quoy qui consistent qu'il conviendra faire pour parvenir à avoir la relique seront réglés comme le présent conseil les a réglés à cent livres, soit pour les députations de toutes les personnes nécessaires, procès-verbal et autres de cette nature à faire pour l'avenir sans qu'on puisse dépenser au delà desdts cent livres et au moyen de ce il sera incessamment pris les arrangements pour le départ et le plus tôt qu'il se pourra » (1).

Il n'est pas sans intérêt de savoir par qui et comment fut effectué le pieux voyage.

Les habitants de Martigues députèrent plusieurs de

(1) Archives municipales de Martigues. — Conseil du 8 février 1728. Voir *Documents*, n° 7.

leurs concitoyens, dont les noms sont venus jusqu'à nous : MM. François Estaquier, Jean Amiehl, Joseph Flayosc, Barthélemy Laurens, Joseph Bourgarel, Joseph Maurel, ayant à leur tête le consul Jean Ardisson et messire Louis Granier, prieur et curé de la paroisse de Sainte-Madeleine de l'Ile. Ils quittèrent Martigues le 7 mai. A Aix, où ils firent halte, ils trouvèrent messire Michel Fougasse (1), prêtre conventuel de l'Ordre de Malte, venu exprès d'Arles en qualité de *procureur spécial et général* du chevalier Jean-Augustin de Grille, bailli de Manosque et commandeur de Saint-Jean d'Aix. De plus, se joignit à eux le « sieur » André Henricy, secrétaire de l'Ordre, à qui « les clefs de l'armoire et caisse » où reposaient les reliques du bienheureux Gérard avaient été confiées par commission expresse de leur gardien officiel et dépositaire attitré, le chevalier Pierre-Joseph de Forbin d'Oppède, receveur et procureur général du grand prieuré de Saint-Gilles. Ils quittèrent Aix, le 9 avril, et tous ensemble se rendirent à Manosque, où ils arrivèrent le 10, assez tard dans la soirée.

1. L'importante famille de Fougasse (Fogassia), originaire de Quiers, en Piémont, forma plusieurs branches : celle des seigneurs de la Barthelasse, en 1546 ; celle de la Royère, à Avignon ; celle de Sainte-Gemme, à Carpentras ; enfin celle des marquis de la Bâtie-Rainaud, dans le Comtat. (Pithon-Curt, *Histoire de la noblesse du Comté Venaissin*). Cette famille portait : *de gueules au chef d'argent chargé de trois roses de gueules*. Le prêtre conventuel Michel Fougasse est-il de cette famille ? Il est certain du moins qu'il avait les mêmes armes, *avec, pour second chef, le blason de l'Ordre, timbrées d'une couronne comtale et accolées du rosaire et de la croix de Malte*. — Sur empreinte de cire rouge, en parfait état de conservation, ces armes figurent dans l'acte original du 7 avril 1728, trouvé par nous dans le reliquaire de l'Ile. — *Documents*, n° 11.

Le lendemain, messire Fougasse, en sa qualité de commissaire et délégué du seigneur chevalier bailli, fait convoquer les notables de Manosque, savoir : Messire Scipion de Baudric « docteur en théologie, curé perpétuel de la paroisse Saint-Sauveur », messire Pierre Arnaud « aussy curé perpétuel de la paroisse de Notre-Dame de Romigiers », ainsi que « noble Balthazar Loth, écuyer », et les sieurs Jean Giraudon et Jean-Jacques Chevillon, consuls modernes dudit Manosque » et « en compagnie desd. s[rs] prieur, consul et députés dud. Martigues et dud. s[r] Henricy » ils se rendent tous au « chasteau seigneurial dud. Manosque ». « Le prieur de l'Isle » célèbre la messe « dans la chapelle où reposent lesd. s[tes] Reliques » ; puis, les clefs ayant été remises et lecture faite à haute voix soit de la lettre du grand maître, soit de la « commission » donnée par le bailli — le prêtre, membre de l'Ordre, étant en rochet, camail et étole, le prieur de l'Ile en surplis et étole — on retire de l'armoire qui la contenait « une caisse de bois..... fermée à deux clefs et un cadenas », où reposaient les reliques. Celles-ci sont encensées et, après qu'elles sont restées quelque temps « à la vue et vénération des fidelles », l'ecclésiastique officiellement délégué retire « de ladite caisse un os tout entier et sans aucune fracture de la longueur environ un pan et tiers où il y a encore quelques fibres et pellicules attachées », que les chirurgiens présents, Jean-Joseph Rebuty et Louis Martin, de Manosque, assurent « ettre l'os appelé *humerus* du bras gauche (1) ». La relique

(1) Malgré l'affirmation de ces maîtres-chirurgiens et de

soigneusement enveloppée de coton est aussitôt placée dans une cassette de noyer, intérieurement doublée de taffetas cramoisi et extérieurement entourée de rubans scellés de huit cachets, dont quatre aux armes du prêtre conventuel représentant le bailli, deux à celles de la communauté de Martigues et les deux autres à celles de la communauté de Manosque, « pour ettre ainsy portée aud. Martigues et remise dans lad. église paroissiale de l'Isle entre les mains dud. messire Granier ou tel autre curé qui sera à son lieu et place et en présence desd. s[rs] consuls pour y ettre gardée et conservée à perpétuité. . . . . » (1).

La présence à Manosque des députés de Martigues et le motif de leur voyage donnèrent lieu, de la part des habitants, à des témoignages du plus cordial empressement. On vint les visiter « en chaperon » ; on leur offrit en présent du vin ; on les défraya, pendant leur séjour, de toute dépense.

« Dans le retour, nous apprend Joseph de Haitze (2), la sainte relique ayant été premièrement portée à Aix, fut reçue à l'entrée de l'église de Saint-Jean

ceux de Martigues, nommés dans l'acte du 16 janvier 1729, il est scientifiquement reconnu aujourd'hui que la relique, dont il s'agit, est l'*humérus droit*. L'erreur, à plusieurs reprises reproduite dans les documents, n'infirme en rien, il est à peine utile de le remarquer, l'authenticité de la relique.

(1) *Documents*, n° 11.

(2) Pierre Joseph de Haitze vivait à Aix au début du XVIIIe siècle et, sans nul doute, il fut témoin des honneurs, dont il parle, rendus, en l'église de la commanderie de S. Jean, aux reliques apportées de Manosque. Il est probable que cette translation fut l'occasion de l'*Histoire de la Vie et du Culte du B. Gérard Tenque*, qu'il publia deux ans après, en 1730. La présente citation est tirée de cet ouvrage.

par le clergé de cette église, au bruit du son des cloches, et reposée sur le principal autel pour y recevoir les encensemens dûs et convenables. Ensuite on la transporta au Martigues où tous les habitans de l'Isle, suivant le pouvoir qu'ils en avoient de l'Archevêque d'Arles, leur métropolitain, l'introduisirent processionnellement dans leur lieu, parmy la joie et les acclamations publiques, en manière de triomphe ».

Le lendemain de cette solennelle réception, sous la présidence de son viguier et de ses consuls, se tint l'assemblée générale de la « communauté du Martigues ». Comme signe non équivoque de la gratitude de tous pour les honneurs prodigués, pendant leur séjour à Manosque, à ceux qui en revenaient, il fut décidé à l'unanimité qu'une *union* amicale serait conclue entre la ville de Martigues et celle de Manosque. « A ces fins, l'assemblée a prié M^rs^ les consuls de mander incessamment à M^rs^ les consuls de Manosque un extrait de la présente délibération accompagnée d'une lettre où il sera exprimé quels sont nos sentiments, et, en présent, du fruit du pays, que ces Messrs auront la bonté de recevoir comme la première marque de notre reconnaissance » (1). Et sans retard partit une nouvelle députation.

La ville de Manosque, flattée de cette initiative, tint à ne point se montrer inférieure en courtoisie. Ses soixante conseillers et ses douze prud'hommes s'assemblent à leur tour. « Auquel conseil a été représenté par M^rs^ les consuls qu'il arriva hier au soir en cette ville le trompète (sic) de celle du Martigues qui leur

(1) *Documents*, n° 10.

remit de la part de Mrs les consuls de lad. ville un paquet contenant une lettre et un extrait de délibération en datte (sic) des quatrième du courant et quinzième du mois passé conçeües dans les termes les plus obligeans et les plus honnorables, pour raison de quoy ils ont assemblé aujourd'hui le présent conseil, pour que sur la lecture qui luy en sera faitte tout présentement l'on prenne une délibération par laquelle on tachera de répondre à celle de Mrs du Martigues, si ce n'est par les expressions, du moins par les sentiments que l'on doit avoir dans pareilles occasions.

« Sur quoy tous les Mrs qui composent ce conseil... ont unanimement délibéré que Mrs du Martigues seront priés, comme toute l'assemblée et tous nos citoïens les prient, d'accepter l'union que nous fesons (sic) dès aujourduy de vos cœurs et de nos sentimens avec les leur (sic) ; en manière qu'à l'avenir il n'y ait plus de différence entre les habitans dud. Martigues et eeux de Manosque, et que lorsque Mrs du Martigues nous fairont (sic) l'honneur de venir en cette ville, on leur fasse par devoir et par inclination tous les honneurs et visites qu'on leur a rendu (sic) la première fois par honnêteté, et qu'en un mot on leur donne toutes les marques et témoignages les plus sensibles d'une parfaite et sincère amitié..... ladte union nous étant d'autant plus chère qu'elle a été contractée sous la protection du B. Gérard Tunc qui dès aujourduy sera regardé par les deux comtés qui ont le bonheur de posséder chaqune (sic) une partie de ses précieuses reliques, comme leur père et leur ange tutélaire..... » (1). Et les consuls, qui tinrent à défrayer de toutes leurs dépenses le trompette et le muletier, modestes hérauts de cet amical message, ne les congédièrent point sans leur avoir confié une lettre datée du 7 mai, destinée à cimenter à jamais, entre les deux villes, cette union, « formée sous les auspices et à l'honneur du B. Gérard Tunc » (2).

Cependant, sur trois quartiers de la ville de Martigues, un seul avait le privilège de posséder une relique du Bienheureux ! Les habitants de Jonquières et de Ferrières, humiliés de n'en pas avoir, adressèrent leurs respectueuses doléances à Mgr de Forbin-Janson, archevêque d'Arles, qui les transmit, avec une bienveillante apostille, au grand maître de l'Ordre de Malte. Celui-ci voulant faire cesser toute rivalité et ôter jusqu'au moindre prétexte de jalousie entre les trois paroisses, s'en rapporta à la prudence du prélat et le fit juge du conflit. Nous avons deux des lettres, qu'à cette occasion, le grand maître, Antoine Manoël de Vilhena, envoya l'une aux « sieurs curé et paroissiens de Ferrières » (3), l'autre à l'archevêque d'Arles (4). Cette dernière fait allusion à la missive, ayant trait au même objet, qu'avait également reçue du grand magistère le bailli de Manosque : nous n'avons pu retrouver ce document.

(1) *Documents*, nº 13.

(2) Archives municipales de Martigues ; *Documents*, nº 14.

(3) Lettre autographe conservée dans les Archives de l'église de Ferrières ; *Documents*, nº 15.

(4) Lettre insérée dans l'acte notarié, passé à Arles le 28 juillet 1728 ; *Documents*, nº 16.

Il fut donc réglé par acte notarié, passé à la maison prieurale d'Arles, en présence et du consentement du bailli Jean-Augustin de Grille, que chacune des deux paroisses dépourvues des reliques du Bienheureux, en recevraient une ; que dans ce but, Jean-Pierre Pascaly, prêtre, bachelier en théologie, curé de Jonquières, au nom de ses ouailles, et Pierre Vidal, bourgeois de Ferrières, député de ce quartier, se rendraient à Manosque, accompagnés du prêtre conventuel Michel Fougasse, déjà délégué au mois d'avril précédent et constitué comme alors *procureur spécial et général du vénérable seigneur bailli*. Tout fut approuvé, le même jour par Mgr de Forbin-Janson, qui loua fort « le zèle des habitants desd. quartiers » et témoigna « beaucoup de joye de l'honneur que Mgr le G^rd^ M^e^ et le S^gr^ bailli leur ont fait à sa prière et réquisition de leur accorder à chacun une partie desd. prétieuses reliques ». Le prélat ordonna de plus que les reliques seraient d'abord apportées à Arles, en son palais, où il serait procédé à leur reconnaissance canonique et qu'ensuite serait donnée « la permission requise, soit par lui-même soit par un de ses vicaires généraux, pour être icelles exposées à la vénération des fidelles dans chacune desd. deux églises de Ferrières et Jonquières, enjoignant aux curés d'icelles de recevoir processionnellement lesd. prétieuses (sic) reliques, quand elles seront portées au Martigues après la vérification qui en aura été faite en cette ville d'Arles, chargeant lesd. deux paroisses de faire faire incessemment (sic) deux chasses convenables pour y déposer lesd. s^tes^ reliques....... » (1) Tout fut fidèlement exécuté de point en point.

A la date du 18 décembre de cette même année 1728, les deux paroisses, qui en avaient été privées jusque là, furent en possession des reliques si ardemment convoitées.

Un reliquaire, vraie merveille de goût fut confectionné tout exprès pour recevoir celle de Jonquières. Ce reliquaire, de style Louis XV, existe encore. Il est en bois doré, très artistement sculpté. Guirlandes de fleurs, volutes, lambrequins et autres ornements décoratifs sont traités avec grand soin. Des détails caractéristiques révèlent l'intention de glorifier saint Gérard et son Ordre. Deux élégants médaillons, faisant symétrie de chaque côté, renferment chacun deux petites épées en sautoir ; sur la base du reliquaire on lit ces mots, pleins d'à propos, tirés du livre de Tobie : REVERSUS EST IN PATRIAM SUAM (2) ; enfin, dominant le tout, la croix de Malte (3).

Quant à l'*humerus* précédemment apporté, il fut reconnu selon les règles canoniques, le 16 janvier 1729 par le vicaire général de l'archevêque d'Arles, messire Jean-François Francony, qui, ainsi que l'atteste le procès-verbal rédigé à cette occasion, fit défense, en même temps, d'exposer la relique à la vénération des fidèles, tant qu'elle ne serait pas placée dans une « chasse convenable » (4).

(1) *Documents*, n° 16.

(2) Tobie, I, 25.

(3) Voir la reproduction de cet élégant objet d'art, planche III.

(4) *Documents*, n° 17.

Artistique reliquaire du B. GÉRARD TENQUE
Eglise de Jonquières, *Martigues*.

Cette translation n'eut lieu que huit ans après, le 17 juillet 1735, en présence de nombreux témoins, par « messire Michel Roman, prêtre, docteur en ste théologie, prieur de St Léger, vicaire général de Monseigneur l'Illustrissime et Révérendissime Jacques de Forbin de Janson, Archevêque d'Arles ». Avec l'ossement sacré, on plaça dans le reliquaire (1) « le verbal fait à Manosque, celuy fait icy par Messire Francony », auxquels on ajouta celui qui fut alors rédigé « pour être à l'avenir et à toute la postérité un monument et un témoignage certain de la vérité de cette précieuse relique » (2).

Contrairement à ce qui eut lieu à Manosque, l'orage révolutionnaire, à Martigues, passa sans aucune profanation des reliques du Bienheureux, qui y sont demeurées intactes jusqu'à nos jours.

Les archevêques d'Aix, devenus, depuis le Concordat de 1801, les gardiens du tombeau de saint Gérard, n'ont cessé de l'entourer de leur sollicitude.

Au cours d'une de ses visites pastorales, Mgr Bernet (3), le 7 septembre 1840, vérifie avec grand soin la relique de l'Ile. Nous avons la relation de cette inspection archiépiscopale : on la trouvera aux *Documents* (4).

Le 8 juillet 1866, les reliques des trois paroisses

(1) Ce reliquaire, surmonté d'une croix de Malte, est actuellement encore dans l'église de l'Ile. — Voir sa reproduction, planche IV.

(2) *Documents*, n° 18. — Nous avons trouvé les *originaux* de chacune de ces trois pièces dans le reliquaire de l'Ile, où nous les avons replacés, lors de notre inspection canonique, le 3 avril 1909.

(3) Mort cardinal, sur le siège d'Aix, le 5 juillet 1846.

(4) N° 19.

sont visitées canoniquement par le vicaire général de Mgr Chalandon, M. Conil, qui en détache des fragments, afin de doter l'hôpital municipal d'un reliquaire du fondateur des Hospitaliers (1). Le transfert de ces reliques dans la chapelle de cet établissement, où furent, en même temps, inaugurés un autel et une statue du Bienheureux, se fit processionnellement, avec la présence des autorités et un grand concours de peuple.

Mgr Forcade, le 25 juillet 1876, fait ouvrir la châsse de l'Ile et en extrait une légère parcelle pour la placer dans la croix pectorale que lui avait offerte ses prêtres, originaires de Martigues, réunis, à cette occasion, autour de sa personne (2).

Naguère, au nom de S. G. Monseigneur Bonnefoy et par mandat spécial (3), nous avons nous-même procédé aux formalités d'une reconnaissance canonique des reliques du Bienheureux conservées à Martigues.

Voici ce que nous avons constaté, en présence du clergé de la ville et de laïques, dont deux docteurs en médecine. Est gardé à l'Ile, avec un légitime orgueil, l'*humerus*, première relique, venue de Manosque et si solennellement apportée et reçue en 1728 (4). Jonquières honore, en son antique et élégant reliquaire, trois ossements reconnus pour être, en une

(1) *Documents*, nos 20 et 21. — Il y a aussi un procès-verbal semblable à Jonquières.

(2) *Documents*, no 22.

(3) *Documents*, no 23.

(4) *Documents*, no 24.

seule pièce, les deux premières vertèbres lombaires et la première dorsale (1). Ferrières possède trois vertèbres dorsales, deux entières et une sectionnée (2). Enfin à l'hôpital, le reliquaire de saint Gérard contient trois fractions importantes des reliques de chacune des paroisses de la ville. Grande fut la joie de tous en constatant à quel point notre diocèse est riche des précieux ossements du fondateur des Hospitaliers. Sa tombe, par un privilège tout providentiel, nous appartient, de nos jours, et ce texte de nos saints Livres, avec émotion, nous revenait à la mémoire : *Gaudentque vehementer, cùm invenerint sepulcrum* (3).

Le culte populaire de Gérard — nous pensons l'avoir suffisamment prouvé — était en honneur, dès le XIIIe siècle, au château conventuel de Manosque. Bosio lui-même en convient : « Les Chevaliers provençaux affirment, dit-il, que toutes les fois que ce pays a besoin de pluie, on porte processionnellement le corps de ce Bienheureux et que jamais Dieu n'est resté sourd à ses prières » (4). La fête, chaque année, était célébrée le 13 octobre : l'usage de chanter la messe, ce jour-là, dans la chapelle du château, a duré jusqu'en 1793. Après l'office divin, avait lieu la procession à laquelle était porté le buste du saint, contenant quelques-unes de ses reliques.

(1) *Documents*, n° 25.

(2) *Documents*, n° 26. — Voir la reproduction du reliquaire de Ferrières, planche IV.

(3) Job, II, 28.

(4) Giacomo Bosio, l. c., tome I, p. 57.

Au XVIIIe siècle, à Arles, au grand prieuré de Saint-Gilles, on honorait une parcelle des restes du Bienheureux.

En effet, en 1743, les deux visiteurs, chargés de l'inspection canonique de la maison, Joseph de Raymond d'Eoulx, commandeur de Thorenc, et Joseph-François Raybaud, prêtre conventuel, commandeur d'Espinas, mentionnent dans leur procès-verbal : « Deux petits reliquaires d'argent, sur l'un desquels on lit : *Saint Gérard* (1). La relation de cette même visite nous apprend aussi qu'à l'intérieur de l'hôtel prieural, au-dessus d'une porte ouvrant sur le corridor, au premier étage, était un buste représentant le fondateur de l'Ordre. D'après le chevalier Chrysostôme de Gaillard, ce buste ne serait autre que la maquette du reliquaire commandé à Pierre Puget par Lussan-Carbonneau, le bailli de Manosque.

Le reliquaire qui contenait des ossements du Bienheureux, déjà mentionné, est encore signalé le 27 octobre 1755, lors d'une nouvelle visite du grand prieuré faite par les chevaliers Charles-Jean-Baptiste de Raousset, commandeur de Raissac, et Honoré-François-Xavier de Grille d'Estoublon, ayant comme secrétaire Jean-Baptiste Bret, notaire à Tarascon (2).

Un autel fut élevé très anciennement au Bienheureux en l'église Sainte-Croix, à Arles.

(1) Archives municipales d'Arles ; Fonds de Malte, *Visites de l'Ordre*.

(2) Archives municipales d'Arles ; Fonds de Malte, *Visites non classées*.

Le grand prieuré de Saint-Gilles ayant la suzeraineté sur la baronnie de Vitrolles, l'église paroissiale de cette localité fut dédiée à saint Gérard peu après sa mort. En cette même église, fut établie, et subsista qu'à la Révolution, une chapellenie sous le titre du saint. Nous donnons aux *Documents* (1), un dénombrement des biens de cette chapellenie, daté du 7 février 1675. La chapellenie, évaluée à vingt sept livres de rente, le 6 octobre 1717, fut unie, par sentence archiépiscopale, au séminaire d'Arles (2) et, le 16 octobre suivant, eut lieu la prise de possession de ce bénéfice par le père Bernard Foussier, oratorien, économe de ce séminaire (3). Une messe fut fondée également à Vitrolles, en 1693, par Anne Lataude, veuve de Jean Rafeneau, pour être célébrée le lendemain de la fête du saint (4).

Nous aurions voulu trouver des textes liturgiques concernant le culte du fondateur des Hospitaliers. Malgré nos recherches, jusqu'ici nous n'en avons pu découvrir aucun.

Il y a bien, il est vrai, répondant à la date du 13 octobre, indiquée au calendrier, *in festo sancti Geraldi*, dans le bréviaire d'Aix de 1499 (5), une oraison, et les collecte, secrète et postcommunion, soit

(1) Archives des Bouches-du-Rhône, B, Cour des Comptes, reg. 799, f° 137. — *Documents*, n° 27.

(2) Vitrolles, appelé dans les actes Vitrolles-lès-Martigues, était autrefois du diocèse d'Arles.

(3) Archiv. de l'Archevêché d'Arles; *Insinuations* (1712-1717).

(4) Archives paroissiales de Vitrolles; *Liste des fondations de messes.*

(5) Bibliothèque Méjanes, n° 17.485, f° CCLXVI v°, *In communi Sancti Geraldi.*

dans le missel d'Arles de 1530 (1), soit dans celui de 1527, *secundum usum Metropolitane ecclesie Aquensis* (2), mais aucune illusion n'est possible. Le bréviaire arlésien de 1501 ne contient pas seulement l'*oratio*, mais encore les *lectiones* (3), au nombre de six, donnant la légende du saint, et elles ne nous fournissent que trop sûrement la preuve matérielle qu'il s'agit, non de notre Bienheureux, mais de saint Géraud, comte d'Aurillac, patron de la Haute-Auvergne.

Dans son ouvrage (4), Joseph de Haitze assure que,

(1) Bibliothèque d'Arles ; in-folio, caractères gothiques allongés, rubriques et initiales en rouge, f° CCXX.

(2) Bibliothèque Méjanes, n° 11.438, B-47, f° CCXXI.

(3) Bibliothèbue d'Arles ; in-12, relié en basane grise, carac-thères gothiques, f° CCCCCXXVI et suivants.

(4) L'ouvrage de Pierre-Joseph de Haitze, qui a pour titre : *Histoire de la Vie et du Culte du B. Gérard Tenque*, porte en tête cette curieuse dédicace :

A
L'ÉTERNITÉ GLORIEUSE
DE LA PROVENCE
RECOMMANDABLE
DANS
LA DURÉE DES SIÈCLES
PAR TOUT
LE MONDE CHRÉTIEN
POUR
AVOIR DONNÉ
A L'ÉGLISE
LE BIENHEUREUX
ET VÉNÉRABLE
GÉRARD TENQUE
INSTITUTEUR
DE L'ORDRE ILLUSTRE
DE
S. JEAN DE JÉRUSALEM
CÉLÈBRE
PAR TOUTE LA TERRE de son temps, il existait en plusieurs endroits, notamment à Malte et à Aix, dans l'église de Saint-Jean (1), des tableaux où Gérard Tenque était peint tantôt debout à côté du crucifix, tantôt tenant le drapeau

POUR
SON HOSPITALITÉ
ET
POUR
LA DÉFENSE
DU NOM CHRÉTIEN
CONTRE LES INFIDÈLES
PIERRE JOSEPH
DE HAITZE
PORTÉ
PAR SON INCLINATION
NATURELLE
A TOURNER SES ÉTUDES
AU
LUSTRE DE SA PATRIE
DÉDIE ET CONSACRE
CET OUVRAGE
L'AN DE GRACE
M. D. CC. XXX.

(1) La maison des Hospitaliers d'Aix, remonte au début du XIIe siècle ; toutefois elle n'est pas antérieure à 1113, car la bulle de Pascal II, datée de cette année, ne la mentionne point. La fondation, croyons-nous, n'eut lieu qu'après la mort du bienheureux Gérard (1120). — Il y eut à la fois à Saint-Jean, un *commandeur*, qui avait le premier rang et de qui relevaient surtout les affaires militaires et temporelles et un *prieur*, dignitaire ecclésiastique, supérieur des chapelains chargés du service religieux. « Ce prieuré, dit le procès-verbal de visite de 1613, est une dignité ou prélature fondée au mesme prototype de la dignité prieuralle de Saint-Jean de Rhodes et de Malte et les prieurs dudict prieuré de Saint-Jean d'Aix, de toute antiquité, dez son institution et origine, ont toujours célébré la messe *in pontificalibus*, ayant l'usage de la mitre et de la crosse les grandes festes *annuelles* ». — Le commandeur Béranger Monachi, vers 1234, commença l'église ; en 1251, le cardinal Pierre de Colmien, évêque d'Albano, vice-gérant du pape en Provence, consacra l'abside et le transept. L'église ne fut achevée qu'en 1264. Quant au clocher, il ne fut élevé que plus tard ; on le termina en 1376.

de l'Ordre déployé, tantôt guérissant un aveugle, le plus souvent, dans sa fonction d'hospitalier, servant les malades.

C'est dans cette dernière attitude qu'une peinture moderne le représente sur le panneau d'une chapelle latérale, en l'église de l'Ile, à Martigues.

Voici ce que nous lisons dans les Archives municipales de cette même ville au sujet d'un tableau qui était autrefois à la Mairie :

« *Conseil du 5 août 1748*..... Ledit maire (Pierre Anthoine) a encore dit que conjointement avec lesdits s[rs] Gilloux et Vidal ses collègues et nouveaux consuls, en l'année 1743, les s[rs] recteurs de la Charité de cette ville vinrent demander le tableau du bienheureux Gérard de Tenque (sic) qui appartient à la comm[té] pour en faire faire un pareil avec promesse de le rendre d'abord après, qu'ils se rendirent facile (sic) à cette demande, mais que depuis qu'ils ont été de nouveau en place ils ont appris que lesdits s[rs] recteurs n'avoient pas encore rendu à la comm[té] ce tableau qui est précieux, ce qui les a obligés de le leur faire demander plusieurs et différentes fois, mais comme ils ont toujours refusé de le rendre, requiert d'y délibérer ;

« Sur quoy le Conseil a unanimement délibéré et donné pouvoir audit s[r] maire et consul de retirer desdits s[rs] recteurs de la Charité le tableau du bienheureux Gérard Tenque qui leur avait été prêté en 1743, pour ledit tableau être placé de nouveau dans la salle de l'Hôtel de Ville où il se trouvoit auparavant et en cas de refus de la part desdits s[rs] recteurs de se pourvoir contre eux en justice, priant à cet effet le Conseil lesd[s] s[rs] Laurens, Portal et Laugier, trois desd. recteurs icy présens, de vouloir bien faire part de ce que dessus au bureau de ladite Charité et de ce que le Conseil leur donne encore trois mois pour se mettre en état de restituer ledit tableau, autrement que le dit tems passé on exécutera contre eux la présente délibération » (1).

Dès l'année précédente, le grand maître Emmanuel de Fonseca avait entrepris de faire étendre à l'Eglise universelle, par le Saint-Siège, le culte de saint Gérard.

Le chevalier Pierre d'Albertas, des barons de Dauphin, bailli de Manosque (2), seconda en Provence, en qualité de ministre de l'Ordre, les efforts du grand maître. Nous avons la lettre (3), datée du 10 décembre 1747, qu'il écrivit aux consuls de Martigues, pour que, dans le but désiré, ils fissent au pape, avec les notables du pays, une supplique, « comme portionnaires des reliques dudit Bienheureux ». Il avait adressé la même demande aux consuls de Manosque.

Quand furent terminées ces enquêtes postulatoires « sur la foy qu'on a audit Bienheureux en Provence où son corps se trouve déposé et surtout au Martigues *lieu de sa naissance* », le volumineux dossier fut expédié à Rome « par le vaisseau de la Religion ». Mal-

(1) Archives municipales de Martigues, volume portant au dos : *Délibérations du 4 janvier 1739 au 29 7bre 1753.*

(2) Nommé commandeur, le 26 novembre 1748, sans doute en récompense de son zèle.

(3) *Documents*, n° 28.

heureusement l'affaire en resta là. Pourquoi ? On l'ignore.

Puissions-nous voir un jour — bientôt s'il était possible — pour l'honneur du fondateur des Chevaliers de Saint-Jean de Jérusalem, la réalisation d'un si noble et si légitime espoir ! Ce serait pour l'Ordre de Malte une gloire de plus et une immense joie pour nos cœurs de Catholiques et de Provençaux.

Relique principale du B. GÉRARD (os humerus)
Eglise de l'Ile, *Martigues.*

Reliquaire du BIENHEUREUX
Eglise de Ferrières, *Martigues.*

TROISIÈME PARTIE

Documents
Originaux et Inédits

CONCERNANT

les Reliques et le Culte en Provence
du Bienheureux GÉRARD

N° 1

Oblations faites aux Hospitaliers de Manosque par le commandeur Béranger Monachi, le 5 des ides de juillet 1283.

(Archives des Bouches-du-Rhône; Fonds de Malte, H, 675).

In nomine Domini Nostri J. C.. Anno incarnationis ejusdem millesimo ducentesimo octogesimo tertio, quinto idus julii.

Universis pateat presentem paginam inspecturis quod cum, ut dicitur, ordinatum et statutum sit per dominum Magistrum et Conventum sancte Domus Hospitalis sancti Iohannis Yerosolymitani quod quicumque preceptor emeret aliquas possessiones vel aliquod jus seu aliqua jura percipiendi et habendi aliquos fructus seu reddibus et predictas possessiones seu redditus emeret nomine domus seu Bajulie de qua esset preceptor, quod ille preceptor qui emeret fructus redditus et observationes et omnes gausidas possessionum seu jurium quas et que emeret dum esset preceptor, possit percipere et habere quamdiu viveret pro suis, necessitatibus sustentandis.

Et venerabilis et religiosus vir frater Berengarius Monachi preceptor domorum dicti Hospitalis Bajulie Manuasce et Bajulie de Aquis, nomine dicte domus de Aquis emisset ab heredibus domini Villelmi Rostagni de Aurasono jus quod dictus dominus Villelmus habebat in lesda ville et vallis castri Manuasce, et jus quod Petrus Veirerius de Manuasca habebat in dicta lesda et redditus et proventus juris quod habebat dictus dominus Villelmus Rostagnus et dictus Petrus Veirerius in dicta lesda vendantur annuatim et vendi possint certis personis pro pretio quindecim librarum et dimidie libre zafarani : predictus dominus preceptor volens occasione suprascripte ordinationis et suprascripti statuti facte et facti per dominum Magistrum et per Conventum suprascripti Hospitalis percipere et habere ad opus sui predictas quindecim libras et dimidiam libram zafarini de consensu et voluntate fratrum conventus Palatii Manuasce et Bajulie ejusdem presentium volentium et consentientium, voluit, statuit et ordinavit quod predicte quindecim libre et dimidie libre zafarani perpetuo in dicto Palatio distribuantur annuatim hoc modo : videlicet in festo b. Blasii pro amelioratione fratrum dicti Palatii quemdecin solidos, cum secundum quod dicitur manifeste Dominus Deus in capella dicti Palatii ob honorem b. Blasii multa miracula fecerit.

Item in eodem Palatio alios quindecim solidos pro amelioratione fratrum ibidem residentium et qui pro temporibus residebunt, die festo b. Giraudi, cujus corpus ut manifestissime dicitur est in dicta capella in quadam pretiosissima arca argentea deaurata cum multis lapidibus pretiosis.

Item in eadem capella quinque solidos annuatim pro incenso albo ad opus dicte capelle. Item in eadem capella quinque solidos pro manutendis et crescendis quoniam opus erit quatuor cereis qui ibidem sunt pro associando ad sepulturam fratrum dicti Hospitalis qui decerent in valle Manuasce. Item in eadem capella quinque solidos annuatim pro emendis telis sudariorum et pro candelis fratrum dicti Hospitalis qui decedent in dicta valle.

Item in festo beatorum Apostolorum Petri et Pauli quod celebratur tertio Kalendas Julii, quindecim solidos mense dicti Palatii pro amelioratione fratrum, et alios quindecim solidos in festo Vinculi sancti Petri, quod celebratur prima die mensis Augusti, cum ecclesia sancti Petri de valle Manuasce que est dicti Hospitalis fuerit fundata ad honorem Dei et sancti Petri et sit et fuerit principium omnium quod dictum hospitale habet in villa Manuasce.

Item in dicto Palatio in die obitus domini Villelmi quondam comitis Forchalquerii qui dictum Palatium donavit Hospitali et omnia alia jura que habebat in valle Manuasce, viginti solidos pro viginti capellanis qui dicta die annuatim celebrent missas pro anima dicti Comitis, et quibuslibet capellanis qui dicta die celebrabunt missam debeant habere duodecim denarios, et eadem die viginti solidos mense dicti Palatii pro pitancia fratrum. Residuum vero quindecim librarum et dimidie libre zafarani sit operis dicti Palatii et ad opus dicti operis deputatum, scilicet dicta dimidia libra zafarani sit semper perpetuo de mensa Palatii, vel pretium dicti zafarani,

Nomina vero fratrum Conventus Palatii Manuasce et Bajulie ejusdem sunt hec, videlicet : frater Petrus de Sancto Martino, bajulus Manuasce ; fr. Bertrandus de Barratio ; fr. Sparronus ; fr. Ugo de Camareto : fr. Elziarius ; fr. Stephanus de Chevalii ; fr. Ugo de Ginasservis ; fr. Bertrandus Faber, capellanus Palatii ; fr. Symon, seneschallus dicti Palatii ; fr. Bertrandus de Lancea, sacrista Sancti Petri : fr. Dominicus Salbos ; fr. Villelmus Faber ; fr. Pellicerius ; fr. Bertrandus Rufus, castellanus castri Manuasce ; fr. Villelmus Pontius, preceptor de Roveria ; fr. Petrus Calvetonus, preceptor de Turra de Aiguesio ; fr. Villelmus Blaccas ; qui omnes predictas ordinationes laudaverunt et eis expressim consenserunt.

Et insuper per hoc publicum instrumentum supplicant et supplicando requirunt una cum dicto fratre Berengario Monacho preceptore Manuasce et de Aquis, venerabilem et religiosum virum dominum fratrem Guillelmum de Villareto, Priorem domorum dicti Hospitalis in prioratu Sancti Egydii, et omnes et singulos fratres qui erunt presentes apud Sanctum Egydium in domo dicti Hospitalis in proximo venturo capitulo generali ibidem et more solito celebrando quotannis, dignentur predictas ordinationes cum benignitate suis consensibus confirmare.

Et voluit et mandavit dictus fr. Berengarius Monachus, preceptor suprascriptus, de consensu fratrum infrascriptorum, quod semper perpetuo Bajulus qui pro tempore erit in Manuasca percipiat quindecim predictas libras et dimidiam libram zafarani, et distribuat ut dictum est supra et preceptor Manuasce in eis non habeat aliquam potestatem. Si ita esset quod Bajulus esset frater Hospitalis predicti, et si Bajulus non esset frater dicti Hospitalis, accipiat eas ille quem preceptor dicti loci ordinaverit cum fratribus dicti conventus.

Actum in Palatio ante cameram viridem. Interfuerunt testes : Rostagnus de Sancto Georgio ; Guillelmus de Sancto Petro de Aveis et Raymundus Isnardy de Mallamorte, et Guillelmus Verdellonus, et Gaufridus de Lancello, et Raymundus Requistonus, omnes donati Hospitalis predicti.

Approbation du Chapitre provincial

Anno quo supra, nono Kalendas Augusti infrascripti dominus Prior domorum Hospitalis Sancti Iohannis Hierosolymitani, Prioratus Sancti Egydii existendo in Capitulo generali fratrum preceptorum domorum dicti Prioratus, ad sonum campane congregato, apud Sanctum Egydium in domo dicti Prioratus, in qua congregari consuevit Capitulum generale dicti Prioratus, una cum dicto Capitulo intellecto tenore suprascripti instrumenti et ordinationum in eo contentarum factarum per dominum fratrem Berengarium Monachum de verbo ad verbum, diligenter predictus dominus Prior et dictum Capitulum et omnes fratres in eo existentes, nullo contradicente, laudaverunt, approbaverunt et confirmaverunt dictum instrumentum et omnia singula et universa que in suprascripto instrumento continentur, ad hoc quod habeant omni tempore firmitatem mandaverunt quod muniatur dictum instrumentum sigillo dicte domus Prioris et sigillo Conventus domus dicti hospitalis Sancti Egydii. Nomina vero fratrum qui confirmaverunt sunt hec, videlicet : frater Raymundus de Grassa, preceptor de Aurasica ; fr. Petrus Aguillonus, pr. de Avenione ; fr. Raymundus Guillelmi, pr. de Beders ; fr. Raymundus Gauffridi, pr. Vapincensis ; fr. Guillelmus de Barratio, pr. de Podio-Moysone ; fr. Pontius de Ungula, pr. Sancti Petri de Aveis ; fr. Pontius Raymundus, pr. de Gadofrancisco ; fr. Petrus Raymundi, pr. de Cacesino ; fr. Petrus de Belvesi, pr. Sancti Chistofori ; fr. Petrus Durandi, pr. de Alesto ; fr. Raymundus de Libra, pr. de Ulmis : fr. Jausserandus, pr. de Nebilano ; fr. Petrus de Motta, pr. Sancti Johannis Vivariensis ; fr. Raimbaudus de Podio-Micaele, pr, de Belloloco ; fr. Audebertus de Villabona, pr. de Arelate ; fr. Ugo de Corri, pr. de Narbona ; fr. Montreal, pr. de Comis ; fr. Raymundus Chabaudi, pr. de Nicia ; fr. Bertrandus de Taulignano, pr. de Podio-Valle ; fr. Bertrandus Gantelmi, pr. de Amenicis ; fr. Milsoldus, pr. de Monteblanco ; fr. Paganus, pr. de Sancto Gervasio ; fr. Bonifacius Blaccatius, fr. de Rossilone ; fr. Jordanus, pr. de Campagnola ; fr. Rostagnus de Sabrano, pr. de Magriano ; fr. Petrus de Beles, pr. de Massilia ; fr. Bertrandus de Sancto Johanne, pr. de Navi ; fr. Raymundus de Astanovi, pr. de Paternis ; fr. Augerius, pr. de Mallamorte ; fr. Artondus, pr. de Scalis ; fr. Raymundus de Ginacerviis, pr. de Lardeireto ; fr. Gaufridus de Moysacco, pr. de Ebreduno ; fr. Pontius de Celancor, pr. de Valentia et de Montilio-Ademar ; fr. Raimbaudus de Podio-Michaele, pr. de Cruce ; fr. Villelmus Macellarius, pr. de Montepessulano ; fr. Johannes, pr. de Bompas ; fr. Villelmus de Bellomonte, pr. de Trevio ; fr. Guigo Charpei, pr. Sancti Vincentii ; fr. Bartholomeus, pr. Sancti Stephani de Podio-Michaele ; fr. Pontius de Sparrono, pr. de Riccobello ; fr. Bernardus Alafre, pr. del Bars ; fr. Villelmus, pr. de Cabestagno ; fr. Petrus Montanea, pr. Sancti Petri de Mari ; et fr. Brunettus, pr. de Rustican ; et fr. Villelmus de Laveson, pr. domus dicti hospitalis de Sancto Egydio in qua dicta confirmatio facta fuit per predictum dominum Priorem et per predictum capitulum, et multi alii fratres preceptores interfuerunt dicte confirmationi in dicto Capitulo qui non sunt scripti in hoc instrumento.

Et ego Sitius, de civitate Areticia publicus notarius imperialis et publicus notarius in comitatibus Provincie et Forchalquerii pro domino Karolo illustri Comite nunc Rege Sicilie, suprascriptis ordinationibus factis in Palatio Manuasce et suprascripte confirmationi facte per suprascriptum dominum Priorem et per dictum Capitulum apud Sanctum Egydium interfui : et de mandato dicti domini Prioris et dicti Capituli et dicti fratris Berengarii Monachi, preceptoris Manuasce, qui etiam in dicto Capitulo fuit cum predicto domino Priore, hanc certam de predictis omnibus feci et signum meum apposui.

N° 2

Verbal faict par frère Philippe Vitallis, sur la visite par lui faicte aux églises de Sainct Gerard et de Sainct Pierre de la ville de Manoasque.

(Archives des Bouches-du-Rhône; Fonds de Malte, H, 675).

Comme ainsy soit-il que l'an mil six cent vingt-neuf et le quatorze avril, nous frere Philippe Vitallis, de l'Ordre de Sainct Jehan de Jerusalem, collegial au Grand Prieure Sainct Gilles, prieur de Sainct Jehan de Roquebel, aurions este commis par illustre et reverand seigneur frere Jehan Jacques de Mauleon Labastide, conseiller du Roy en ses conseils d'estat et prive, Grand Prieur du dict Sainct Gilles et par son assemblee tenue en la ville d'Arles le dict jour ainsy qu'en resulte de nostre dicte commission scellee du sceau du Chapitre provincial et signee Raybaud notaire et secretaire d'icelluy ; laquelle aurions reçeue avec honneur et reverance, pour et aux fins portees en icelle, nous serions parti de la dicte ville d'Arles lundy du dict moys et transporte en ceste ville de Manoasque, pour nous y tenir jusqu'au passage de Sa Majeste et pour y faire le service divin en l'esglize de Sainct Gerard avec pouvoir d'y faire tous les ornements requis.

Ou estant arrive le dix huit du dict moys, aurions mande querir Me Jehan Baptiste Ricard, procureur jurisdictionnel de M. le Bailly du dict Manoasque, auquel aurions faict entendre le faict de nostre dicte commission, et ensemblement nous serions achemine dans la dicte esglize Saint Gerard qu'est dans l'enclos du chasteau, à main dextre, sur l'entree de laquelle le dict Me Ricard nous auroit faict ouverture, et en icelle ayant faict nostre priere, l'aurions enquis qui y faisoit dordinaire le service divin et qui y gardoit les clefs de l'armoire et coffre du corps de Sainct Gerard, chef de nostre Ordre : qui nous auroit respondu qu'elles estoient au pouvoir des reverands Peres Observantins du dict Manoasque. Quoy entendu, aurions mande prier le reverand Pere Ruffus, gardien du couvent : lequel se seroit transporte vers nous dans la chapelle, accompagne de son vicaire, qui nous auroit faict l'ouverture de l'armoire ou reposent les saincts (sic) Relliques estant dans un petit coffre de bois painct ou sont les armes de feu sieur Bailly Vaqueiras, couvert d'un vieulx satin bleu tout dechire. N'ayant neantmoins voulu ouvrir la dicte caisse qu'au prealable l'esglize fut ornee et accomodee comme s'appartient.

Et apres avoir faict refermer le dict armoire, voyant quau pave de la dicte esglize y manquoit plusieurs mallons, les y aurions faict poser en plusieurs endroits et nettcier icelle, fait sortir les immondices qui y estoient, le mieulx que possible nous a este.

Et de suite aurions requis le reverand Pere Ruffus, gardien, s'il tiroit des gaiges du sieur Bailly pour y fere service les festes de l'annee et aultres jours necessaires : lequel nous auroit respondu que ne s'y faisoit point de service par ordre du dict sieur Bailly ; aussi n'en tire aulcune gaiges : bien est-il veritable qu'il a les clefs des dicts Relliques pour les faire voir à ceux qui y font dire des messes durant l'annee suivant leur devotion. Outre ce l'aurions prie nous monstrer les ornemens de la dicte esglize, ensemble le dict Ricard : lesquels nous ont respondu qu'en voyant les murailles voyons le tout, n'y ayant ni nappes devant l'autel, aube, chasuble, croix, calice, corporal, missal, voille, ni lampe ardente au devant les dicts saincts Relliques, ni chose quelconque, fors et excepte ung vieulx restable à l'antique, auquel avons veu estre depainct l'imaige de Nostre-Dame de Filerme, a main dextre Sainct Jehan Baptiste, et a senestre Sainct Gerard. La voulte d'icelle esglize toute paincte, et au dessus d'icelle et a l'endroit du dict autel avons veu qu'il y pleust en danger de faire tomber la dicte voulte, si on n'y porte prompt remede. Sur quoy veu par nous, en aurions faict dresser verbal par M[re] Jehan Gedeon Audiffred, notaire royal du dict Manoasque, pour fere voyr le tout a mon dict seigneur le Grand Prieur de Sainct Gilles et a son Chapitre provincial, afin d'ordonner des choses necessaires en la dicte esglize a l'honneur des Relliques qui y reposent, lesquels doibvent estre reveres et en consideration de la grande devotion que le peuple du dict Manoasque et des environs a envers le dict Sainct Gerard, et particulierement en temps de secheresse, ayant este accersiore de plusieurs gens de bien adsistans, que en tel cas ils tiennent pour assure que faisant porter les Relliques du dict corps en procession generale, ils ont obtenu et obtiennent le benefice de la pluye, en ayant ressenti les effaicts. Et quant aux ornemens necessaires, avons faict faire une aube tant seulement que nous avons remise, ensemble le devant d'autel, chasuble de damois cramoisi que nous avons apporte de notre esglize d'Arles, en main du dict Me Ricard, pour servir a la dicte esglize et faire le service jusqu'a ce qu'il y soit amplement pourveu par mon dict sieur le Grand Prieur et son chapitre.

Et du dernier du dict moys d'avril, suivant la commune plainte a nous faicte du peuple du dict Manoasque, et a la requisition des sieurs consuls de ceste ville et plusieurs autres adsistans, nous serions transporte en l'esglize Sainct Pierre qu'est le chef du bailliage de ceste ville, qu'est situee au mitan d'une grande terre du dict bailliage, distant de la ville d'un jet de mousquetade, laquelle avons trouvé sans portes, ni couvert, fors et excepte au dessus le presbytere. Le surplus de la nef de la dicte esglize est tout descouvert, les murailles estant en son entier sauf du coste du couchant que y en a un peu d'icelle tombe a cause des injures du temps et de la pluye, ce qui redonde au mespris du service divin et deshonneur des baillys, estant la dicte esglize sur le grand chemin, au veu de tout le monde ; et mesme que c'est l'esglize a laquelle y falloit avoir une grande devotion. Comme encore quoyque ruinee, les consuls de la dicte ville en corps de communauté y font faire le service divin le lendemain de Pasques et aultres jours de l'annee, que tous ecclesiastiques tant seculiers que reguliers des esglizes du dit Manoasque y vont en procession generale. De quoy en avons voulu charger nostre verbal tant de leur requisition que de l'estat de la dicte esglize, pour y estre pourveu par mon dict seigneur le Grand Prieur et son chapitre provincial.

Du lendemain premier du moys de may, seroient comparus par devant nous, capitaine Estienne Pasquier, escuyer ; Me Jehan Magnan, notaire, consuls modernes du dict Manoasque et autres conseillers de la dicte communaute, en la basse cour du chasteau, lesquels nous auroient demontre et faict voyr comme cidevant ils ont faict plainte verbale au seigneur Evesque de Sisteron, leur diocesain faisant sa visite, de l'estat, ruine et demolition de la susdite esglize Sainct Pierre ; et faict voyr au dict seigneur Evesque et l'estat en lequel elle se trouve, et comme par sa sentence le dict seigneur Evesque du unze apvril mil six cent dix huit, vingt trois may mil six cent vingt quatre, et vingt six decembre mil six cent vingt huit, auroit ordonne que la dicte esglize Sainct Pierre seroit refaicte et mise en estat de couvert, fenestrayes, portes fermees a clefs, et d'une chapelle de damas blanc pour servir et y faire celebrer la saincte messe, les quatre festes solennellss de Nostre Seigneur et encore celle de Sainct Pierre, et d'un restable du prix de quarante escus aux depens du sieur Bailly. Attendu mesme que les visiteurs de l'Ordre de Sainct Jehan de Jerusalem y avoient provu, et a ces fins le dict seigneur Evesque ayant ordonne qu'il fut faict saisie des revenus du Bailliage entre les mains des dicts consuls la somme de mil livres, avec mandat aux dicts sieurs consuls de faire executer la dicte sentence portant le mois de juin prochain, a peine d'en respondre sur leur propre et prive nom.

En suite desquelles sentences et ordonnances, les dicts consuls nous ont dict et asseure avoyr faict saisir des rentes et revenus du dict bailliage a la concurrence de la susdite somme entre les mains du rentier moderne, en vollant d'en poursuivre l'execution ou jusqu'a ce qu'il y soit pourvu par le seigneur Grand Prieur et son chapitre.

Nous ont aussi remontre comme dessus que dans la ville n'y a logis plus sortable pour le logement de Sa Majesté que le chasteau du seigneur Bailly, et doutant qu'il se trouve en tres mauvais estat soit des fenestrayes, portes, vitres et aultres petites ruines, comme des tours qu'a fault d'estre couvertes s'en vont en ruines et deperissement, et de la contrescarpe du chasteau et brayes d'icelluy a fault d'y estre provu, ce qui seroit trouve mauvais par sa dicte Majeste de voyr un tel edifice s'en aller en ruine pour peu de chose : Nous ayant requis d'y faire prouvoyer, offrant de leur couste satisfaire a tout ce qui sera de leur possible pour le logement de sa dicte Majeste. Aussi nous ont-ils remontre en la chapelle du glorieux sainct Gerard n'y a aulcuns ornemens, ni mesme s'y faict aulcun service durant l'annee en la dicte chapelle que une fois de l'annee par les peres de Saint François Observantins a la requisition et soing des dicts consuls, quoyque anciennement la dicte chapelle fut este bien servie et qu'on y falloit cellebrer la saincte messe une foys la semaine, ce qu'a este descontinue par l'absence des sieurs baillys qui n'ont reside ny résident au dict lieu, n'y ont donne ordre d'y continuer le divin service ; de quoy le peuple de Manoasque en demeure mal edifie. De quoy ils nous auroient requis d'en charger nostre verbal. de leurs dires : ce que nous avons faict, aux fins qu'il pleust à Monseigneur le Grand Prieur et a son chapitre provincial de provoyr aux choses susdictes.

Et a même instant, en présence de MM[res] Lambert Fauchier, juge de l'Ordinaire de la dicte ville, des reverands Anthoine Ruffus, gardien, et pere Claude Laurens, vicaire du couvent de l'Observance de la dicte ville, et sieurs consuls susnommez, après le sainct sacrement de la messe celebre *in habitu sancto ut decet*, aurions procede à la visite des Relliques du b. sainct Gerard, ayant faict mettre le coffre ou il repose au dessus de l'autel de la dicte chapelle, et faict ouvrir, nous aurions trouve :

Premierement le crane sive (ou) teste dudict bienheureux saint Gerard ;

Los du bras avec laultre petit os ;

Les deux os des jambes et cuises se tenant ensamble par moyen de la cher et peau de laquelle se trouvent encores revestus, lesquels os des cuises sont de deux pans et demy de long le chascung ;

Plus onze os appelles les vertebres, quy sont nus (nœuds) du long de l'eschine, qui se tiennent ensamble par le moyen de la cher et peau desquels sont encore revestus ;

Aussy y a plusieurs costes separees ;

Encores toute lesterne (le sternum) separee en deux pieces, y estant toute la cher musculuze quy est proprement la peau et cher du devant de lestoumac et yantre ;

Plus los sacrum dict lestoumac revestu de peau ;

Les deux os des illes revestus de la cher et peau ;

Le tout avec une odeur nonpareille, envelloupes d'ung linge blanc, aussy blanc et entier comme sy on le luy avoyt mis cejourd'huy.

Plus avons treuve dans ledict coffre ung bras dargent y ayant de relliques dedans sans escriteau ni crystailh.

Et finablement avons treuve dans ledict coffre ung aultre petit coffret a la mosaïque, y ayant dans icelluy plusieurs relliques, que tout avons renferme dans le dict coffre et remis icelluy coffre dans l'armoire. Et en apres icelluy ferme, les clefs de laquelle caisse et armoire avons juge a propos les retirer des mains des Peres Observantins, pour icelles presenter a mon dict seigneur le Grand Prieur et a son chapitre pour la conservation d'ung tel thresor, et affin de provoir a la veneration du tres bienheureux sainct Gerard, et aux ornemens tant de la dicte chapelle que de l'esglize Sainct Pierre et aussy a la maison pour le logement de Sa Majeste et conservation d'icelle maison.

Le tout avons faict dans la dicte ville de Manoasque en presence des dicts sieurs reverands Peres Ruffus, gardien, et Claude Laurens, vicaire de l'Observance ; MM. Lambert Fauchier, juge ; capitaine Estienne Pasquier, escuier ; Jehan Magnan, notaire, consuls modernes, et aultres adsistans cy soubsignes. Et avons ainsy procede.

F. P. Vitallis. — A. Ruffus, gardien. — Laurens, vicaire. — Pasquier, consul. — Ricard. — Fauchier, juge. — Magnan, notaire, consul. — C. Tressouzel. —

Degreaux. — Arnaudy — et moi Jehan Gedeon Audiffred, notaire royal du dict Manoasque.

Le chapitre provincial de l'Ordre de Saint Jehan de Jérusalem, tenu et célébré au Grand Prieuré de Saint Gilles, le 8 may 1629, après avoir entendu la lecture du précédent verbal, a ordonné qu'un extrait d'icelluy sera envoyé à son altesse sérénissime le Grand Maître, son conseil et la vénérable... (assemblée ?) de Provence ; ensemble à l'illustre et révérend Bailly de Manoasque, pour en ordonner ce que sera de leur bon plaisir. Cependant que les clefs du coffre et armoire où sont les relliques de Saint Gérard et aultres seront conservées par Mgr le Grand Prieur à qui le frère Vitallis les a remises. Et ainsy le certifie le notaire et le secrétaire soubsigné. Reybaud, notaire.

N° 3

Chapitre provincial du grand prieuré de Saint-Gilles, tenu à Manosque, en 1630.

(Archives des Bouches-du-Rhône; Fonds de Malte, série H, Registre xii : Chapitres et Assemblées, 1622-1637).

Chappitre provincial de l'Ordre St Jean de hielem au grand prieuré de St Gilles tenu et cellebré en la ville de Manosque et dans le chasteau et maon seigneurialle d'icelle a cause de la maladie contagieuse dont la ville d'Arles se trouvoit affligee naguère et ce en absence et par ordre et mandement de illustme reverend Monsieur frere Jean Jacques de Mauleon la Bastide grand prieur de St Gilles con^r^ du Roy en ses conseils d'estat et privé president en icelluy Reverend Monsieur frere François de Boniface la Molle commandeur de Puimoisson comme plus ancien auquel ont adsisté Messrs freres

Jean de Villeneufve chau neuf command^{r} de Nice
Anthoyne de Puget chlr recepveur au d. prieuré
Gaspar de Castelane Montmeyan chlr
Balthazar de Thomas d'Ardene chlr
Annibal de Blacas Redortier chlr
Adoard de Berre chlr
Jean de Castelane Majastre chlr
Jean d'Agoult Seillons chlr
(en blanc) d'Agoult Ollieres chlr
Balthazar de Demandols chlr

L'an mil six cens trente et le dimanche dernier jour du mois de juin au matin apres la cellebraon de la s^{te} messe dans la chappelle du d. cheau dediée soubs le tiltre Mongr St Gerard l'assemblée du d. chappitre a esté faicte avec les solemnites et ceremonies acoustumées et plus avant du d. jour n'a esté procedé.

Du lendemain lundy premier jour du mois de juillet au matin tous les d. freres cappitulans s'estant assemblés par devant le d. sieur commandeur de Puimoisson accordés au lieu que dessus sont esté faictes les propositions deliberations et ordonnances suivantes.

....

Frere philippes Vitallis pr^{bre} relligieux conventuel a represanté que dans la chappelle de ce chasteau reposent les *relliques* (1) du corps de Monsieur S^{t} Ge-

(1) Le scribe a écrit : *relligieux*.

rard fondateur de l'Ordre dans une arche quy est dans un armoire les clefs duquel et de la d. arche estoient par cy devant gardées tantost par les carmes et tantost par les peres recoles quy ont prins ou les ungs ou les autres partie desd. reliques quy fust cause que le dict frère Vitalis lorsqu'il fust en ceste ville par deputaon de monsieur le grand prieur et d'une assemblée provincialle il se saizyt desd. clefs et le remist cy appres en plaine assemblée au dict seigneur grand prieur lequel les luy a baillées avec charge de prier le dict chapp[re] de sa part de prouvoir a l'ass[urance]? (mot mutilé, papier déchiré) et conservation des d. [re]liques ce qu'il faict. Sur quoy le dict chapp[re] a ordonné que demain apres la saincte messe les d. reliques seront veues par messieurs les adsistans en iceluy et d'aultant que les d. reliques sont en grande veneration en ceste ville, que la clef de l'armoire ou elles sont sera laissée en mains de Monsieur Ricard p[bre] avec les bras d'argent ou il y a des reliques du dict sainct et pour celle de la d. arche qu'elle fera raporter au d. seigneur grand prieur et cependant que reverend Monsieur le baillif de Manosque sera supplié de fere que on releve la chef en argent pour y enchasser des d. reliques tant a fin qu'on n'aye pas subject donner et porter la d. arche souvent que pour la satisfaction et la devotion du peuple et de fere fere un treillis de fer au devant du d. armoire.

N° 4

Délibérations de 1728

(Archives municipales de Martigues).

Conseil du 4 janvier 1728

L'an mil sept cents vingt huit et le quatrième jour du mois de janvier, dimanche après midi, dans l'hôtel commun de cette ville de Martigues, de l'autorité, présence et réquisition de Mrs Jean Ardisson, Paul Gilloux et Joseph Bleymet, conseillers du Roy, Consuls et administrateurs de la communauté de cette ville de Martigues, le présent Conseil a été assemblé en absence de M. le Viguier, le bâton de justice étant sur le bureau, à son de cloches, voix de trompes et cris publics, aux formes ordinaires et lieux accoutumés de la ville, pour délibérer sur les affaires de la dite communauté.

(Suit l'expédition de quelques affaires).

....

Après quoi ledit sr Gilloux, consul, a dit que quelques citoyens zélés ont formé le dessain d'avoir dans la ville une relique du Bienheureux Gérard Tunc, fondateur de l'Ordre de Malthe, qu'il était bien juste que cette ville posséda une partie de son corps, puisqu'elle y avait donné la naissance, que ces mêmes habitants communiquèrent leur dessain à Mrs les Consuls, leurs prédécesseurs, pour les obliger d'en écrire au Grand Maître de l'Ordre qui leur a fait l'honneur de leur répondre et par sa lettre il accorde la demande, qu'en recevant cette lettre ils en ont aussi reçu une à cochers volans pour M. le Bailly de

Manosque ou le corps du Bienheureux Gérard est inumé, et comme cette nouvelle ne peut qu'être agréable au public, ils en ont fait part auquel, affin de delliberer sur ce qu'on doit faire pour accomplir l'ouvrage.

Sur quoi le Conseil, après avoir ouï lecture de la lettre de S. A. E., a delliberé qu'elle sera enrégistrée à la suite du présent Conseil et que Messrs les Consuls en mandant la lettre du Grand Maître à M. le Bailly de Manosque ils l'accompagneront d'une lettre de politesse de leur part et en ce qui est des moyens et de la dépense qu'il faudra faire pour aller prendre la relique il y sera pourvu quand il sera temps.

ARDISSON GILLOUX BLEYMET

N° 5

Enregistration de la lettre du Grand Maître de Malte à M^rs les Viguier et Consuls du Martigues.

(Archives municipales de Martigues).

A Malte, le 11 7bre et par Dup^a le 20 nov^bre 1727.

Sieurs Viguier et Consuls, Nous sommes sensibles aux veux que vous faites pour notre conservation, Nous les croyons très sincères, ce qui nous engage à vous accorder la demande que vous nous faites dans votre lettre du 15 aoust. Pour cet effet nous écrivons au vénérable Bailly de Manosque et luy permettons de vous donner quelque précieuse relique du corps du Bienheureux Gérard Tunc, fondateur de notre Ordre. Nous ne pouvons que louer l'empressement que vous nous témoignès dotenir cette faveur de nous, n'ignorant pas que ce grand homme est originaire de votre ville et nous voyons avec satisfaction que sa naissance vous parait la chose la plus glorieuse pour votre patrie. Il est donc bien juste que vous possédiès un gage si précieux. Sur ce nous prions Dieu, Sieurs Viguier et Consuls, qu'il vous tienne en sa sainte et digne garde

MANOËL

N° 6

Conseil du 1er février 1728

(Archives municipales de Martigues).

L'an mil sept cent vingt huit et le premier février, jour du st Dimanche, à l'issue des Vêpres dans l'hôtel commun de cette ville de Martigues, de l'autorité, présence et réquisition de Mrs Jean Ardisson, Paul Gilloux et Joseph Bleymet, conseillers du Roy, consuls et administrateurs de la communauté de cette ville de Martigues, le présent conseil a été assemblé en absence de M. le Viguier, le bâton de justice étant sur le bureau, à son de cloche, et de trompes et cris publics aux formes ordinaires et lieux accoutumés de la ville pour dellibérer sur les affaires de ladite communauté.

Auquel Conseil ledit sieur Gilloux consul ayant la parole dans ces quatre mois a dit que d'abor après qu'ils eurent reçu la lettre que S. A. E. le Grand Maître leur a fait l'honneur de leur écrire pour accorder à cette ville une relique du Bienheureux Gerard Tunq, ils firent assember le Conseil pour leur en faire part, et comme il y avait dans le pli une lettre pour M. le

Bailly de Manosque, le Conseil dellibéra qu'en la faisant rendre audit Seigneur Bailly, M[r] le Consul l'accompagnerait d'une lettre de leur part, ce qui a été ainsi fait, a laquelle lettre ledit sieur Bailly n'a pas répondu, à cause qu'il est malade à Arles et, comme la mort pourrait être une suite de cette maladie, ce qu'arrivant et un nouveau bailly ayant pris cette place, il faudrait obtenir du Grand Maître un nouvel ordre, ce qui reculerait de beaucoup une affaire si importante et si avancée, il parait à propos de députer deux personnes à Arles auprès dudit seigneur Bailly de Manosque, pour avoir une permission et un pouvoir de sa part assès autentique pour recevoir ladite relique, à quoi il a requis le Conseil de dellibérer. Et dabor ledit sieur consul Ardisson a dit que la com[té] doit aller doucement à faire de la dépense, qu'il n'y a point d'argent, que les revenus de la com[té] ont diminué cette année de plus de huit mille livres et qu'ainsi il faudrait esloigner cette dépense et la renvoyer à un temps plus favorable, puisqu'elle parait à présent inutille auprès d'une personne malade.

Et ensuite le Conseil a par la pluralité des voix dellibéré que M. Gilloux consul, accompagné de M. le prieur de l'Isle, se rendrait incessamment audit Arles auprès dudit sieur Bailly pour prendre avec lui les arrangements et mesures convenables pour avoir ladite relique et faire par raison de ce tout ce que lesd[ts] s[rs] deputés trouveront à propos, approuvant la dépense.

Ardisson Gilloux Bleymet

N° 7

Conseil du 8 février 1728

(Archives municipales de Martigues).

L'an mil sept cent vingt huit et le huitième février, jour du s[t] Dimanche, à l'issue des Vêpres, dans l'hôtel commun de cette ville du Martigues, de l'autorité de M. Louis Turc, viguier, à la requisition de Mrs Jean Ardisson, Paul Gilloux et Joseph Bleymet, consuls et administrateurs de la com[té] de cette ville de Martigues, le présent Conseil a été assemblé à son de clocle, voix de trompe et cris publics, aux formes ordinaires et lieux accoutumés de la ville pour dellibérer sur les affaires de ladite com[té].

Auquel Conseil ledit s[r] Gilloux, consul, prenant lá parole dans ses quatre mois a dit que par le Conseil du premier du courant il fut député à Arles, avec M. le prieur de l'Isle, auprès de M. le bailly de Manosque pour avoir dudit sieur bailly la permission d'aller prendre en la ville de Manosque une relique du bienheureux Gérard Tunq, fondateur de l'Ordre de Malthe, natif de cette ville ; qu'étant à Arles ils ont trouvé auprès dudit s[r] bailly de Manosque toutes les facilités du monde, qui leur a dabor fait un acte par d[t] Me Beuf, not[re], portant permission d'aller prendre ladite relique, avec pouvoir à Messire Fougasse, prêtre de l'Ordre de Malthe, de faire l'ouverture de la caisse ou repose le bienheureux et l'accompaigner en cette ville et du tout dresser procès-verbal par une personne légitime ; que cet acte a été ensuite communiqué à Mgr l'Archevêque ou à M. son Grand Vicaire qui y a donné son approbation et ordonné que la relique sera accompaignée dans la ville en procession, et comme cette affaire est si fort avancée et qu'il ne reste que d'aller prendre cette sainte relique, il a fait assembler le Conseil pour en prendre les moyens, à quoy il a requis de delliberer.

Sur quoy le Conseil s'estant fait faire la lecture de cet acte a dellibéré qu'il sera enregistré à la suitte du présent Conseil, et en ce qui est des moyens qu'on doit prendre pour faire venir cette relique dans la ville, comme la com[té] n'est guère en état de faire de la dépense et que d'ailleurs il se présente plusieurs habitants qui offrent de faire le voyage à Manosque à leurs dépens, le Conseil a dellibéré que tous les frais en quoy qui consistent qu'il conviendra faire pour parvenir à avoir la relique seront réglés comme le présent Conseil les a réglés à cent livres, soit pour les députations de toutes les personnes nécessaires, procès-verbal et autres de cette nature à faire pour l'avenir sans qu'on puisse dépenser au delà desd[ts] cent livres, et au moyen de ce il sera incessamment pris les arrangements pour le départ et le plus tôt qu'il se pourra.

N° 8

Enregistration de l'acte passé au sujet des Reliques du B. Gérard Tunq.

Consentement et procuration du Bailli de Manosque.
(Archives municipales de Martigues).

L'an mil sept cent vingt huit et le sixième février, après midy, régnant très chrétien Prince Louis quinzième, par la grâce de Dieu Roy de France et de Navarre, comte de Provence, par devant nous notaire royal et apostolique à Arles, soussigné, furent présents Messire Louis Granier, prêtre, docteur en Ste Théologie, prieur, curé de l'église paroissiale de l'Isle de la ville de Martigues et s^r^ Paul Gilloux un des sieurs consuls de lad^te^ ville, expressément députés pour l'effet du présent acte par délibération du conseil gñal de la communauté de lad. ville, du premier de ce mois, lesquels ettant en la présence d'Illustrissime Seigneur Messire Jean-Augustin de Grille, chevalier de l'Ordre de St Jean de Hierusalem, Baillif de Manosque et commandeur de St Jean d'Aix, lui ont exposé que lad. ville du Martigues se fait un grand honneur, et que tous les habitants de lad. ville regardent comme la chose la plus glorieuse pour leur patrie d'avoir donné la naissance au B. Gérard Tunq, fondateur dud. Ordre de St Jean de Hierusalem, que dans ces vües ils ont désiré ardemment dès long-tems d'avoir dans leur ville une partie des prétieuses reliques de ce Bienheureux qui sont conservées dans la chapelle du Bailliage dud. Manosque, qu'à cet effet M^rs^ les Viguier et Consuls de lad. ville du Martigues ont escrit à Son Altesse Eminentissime, Monseigneur le Grand Maître, le quinzième Aoust dernier ou en exposant à Sad. Altesse la vénération que tous les habitans de lad. ville ont pour ce glorieux Bienheureux leur compatriote et l'empressement qu'ils ont d'avoir un gage aussi prétieux que sesd. reliques, ils l'ont suppliée de vouloir leur en accorder une partie,

ce que Son A. E. a bien voulu faire par la lettre qu'il leur a fait l'honneur de leur écrire, datée de Malthe le onzième septembre et par duplicata le vingtième novembre dernier, qui sera cy-après enregistrée, par laquelle il leur marque d'avoir écrit à vous d[t] Seigneur, vénérable Baillif et de vous avoir permis de leur donner qq. prétieuses Reliques du corps du d[t] B. Gérard Tunq, ce qui a obligé les habitans de lad. ville à vous députer expressément les Exposans pour vous prier de vouloir donner vos ordres pour que lad. partie des Reliques leur soit expédiée. Ce que entendu par led. Seigneur Baillif il a dit qu'il est bien aise de satisfaire la dévotion des habitans du Martigues et de se conformer là dessus aux intentions et aux ordres qu'il a reçus de Monseigneur le Grand Maître, qu'à ces fins il donnera tout pouvoir requis ; et à cette cause, sans divertir à autre acte, led. Seigneur Baillif a fait et constitué son Procureur spécial et gn̄al quant à ce fr. Michel Fougasse, prêtre conventuel dudit Ordre ou tel autre prêtre dudit Ordre premier requis absent comme présent auxquels il donne pouvoir et charge de se porter avec les députés de la ville du Martigues en celle de Manosque pour y faire l'ouverture de la caisse où sont conservées les reliques du corps du B. Gerard Tunq et d'en remettre une partie insigne, comme l'os du bras ou d'une cuisse ou d'une jambe aud[t] Messire Louis Granier, prieur de l'Isle ou à tel autre prêtre de son église ayant de luy pouvoir et charge expresse et non à autres, et de ce qui sera remis desd. prétieuses reliques en dresser procez-verbal en bonne et düe forme attesté par le premier Maître chirurgien requis, lequel procèz-verbal sera remis dans la caisse desd. reliques et généralement faire pour la remission desd. reliques tout ce que pourrait led. Seigneur constituant, s'il était présent en personne, bien que le cas requit mandement plus spécial, promettant d'avoir agréable tout ce que par sond Procureur en ce sera fait et de le relever indemne, veut et entend led[t] Seigneur Baillif que les Reliques qui seront remises audit Messire Granier soyent reçües solennellement et en procession par les habitans de lad[te] ville du Martigues avec la permission de Monseigneur l'Archevêque ou de M[rs] ses Grands Vicaires et qu'ensuite lesd. Reliques soient honorablement placées et exposées à la vénération des fidelles dans la seule église de la paroisse de l'Isle, tant en considération de ce que le B. Gerard Tunq ettoit né dans lad. paroisse, qu'à cause de ce que lad. église de l'Isle a autrefois appartenu à son Ordre, de laquelle permission cy-dessus donnée lesd. s[rs] deputés au nom de lad. communauté et habitans du Martigues ont faits leurs humbles remerciments aud. Seigneur Baillif et de tout ce dessus lesd. parties nous ont requis acte fait et publié aud. Arles dans la salle de la Maison ou led. Seigneur Baillif est logé, en présence de Messire Trophime Elzéard de Romieu, chevalier non profès dud. Ordre de St Jean de Hierusalem, de Messire Jean Augustin de Grille chevalier de l'Ordre militaire de St Louis, lieutenant ayde-major aux gardes françoises, neveu dud. Seigneur Baillif et du s[r] Richard Bouquier du Martigues soussigné, avec les parties qui avant signer nous ont requis l'enregistration de la lettre de Monseigneur le Grand Maître de la teneur suivante :

(La lettre du Grand Maître est reproduite plus haut, nº 4).

Incontinent après la publication du susdit acte, à la requisition desd[rs] sieurs Grangier et Gilloux députés et en leur compagnie nous sommes transportés au Palais archiépiscopal de cette ville, ou ettant en l'absence de Monseig[r] l'Archevêque avons donné communication dud[t] acte et ensuite fait lecture mot a mot d'iceluy à Messire Louis François d'Orléans de la Motte, docteur en théologie, vicaire général et official métropolitain de Monseig[r] l'Archevêque, lequel après avoir entendu et approuvé et loué le zèle desd[rs] habitans du Martigues, témoigné beaucoup de joye de l'honneur que Monseigneur le Grand Maitre et led[t] Seigneur Baillif ont fait de leur accorder une partie desd[tes] prétieuses reliques, et en conformité dud[t] acte a ordonné que lesd[tes] reliques seront reçues à la porte de la ville par une procession généralle et qu'en conséquence lesd. reliques seront placées dans lad. église de l'Isle et qu'elles y seront exposées à la vénération des fidelles, et tous les honneurs usités leur seront rendus, et de tout ce dessûs lesd. parties m'ont requis acte fait et publié aud. Arles dans led. Palais archiépiscopal en présence de Messire Pierre Duport prêtre chanoine prémicier en la S[te] église métropolitaine, et s[r] Richard Bouquier, soussignés avec les parties, signés : La Motte vicaire général, Granier prieur de l'Isle, Gilloux, Duport prémicier, Bouquier et Beuf not[re] à l'original dûement cons[llé] à Arles par le s[r]

Autheman qui a reçu pour les droits trente six sols, collationné sur l'original, signé Beuf notaire.

N° 9

Délibération du 11 avril 1728, des soixante conseillers perpétuels et des douze prud'hommes de Manosque.

(Archives municipales de Manosque).

«..... Il a été déliberé au surplus de défayer M[rs] les consul et députés de la ville du Martigues qui sont en cette ville, à l'occasion de la translation d'une partie des ossemens du B. Gérard Tunq, suivant la permission qu'ils en ont eue de Mgr le Grand Maître et de messire le Bailly et ce de toutes les dépenses qu'ils auront faites à ce sujet en cette ville.

Signés : Loth, consul, — Giraudon, consul, — Chevillon, consul.

N° 10

Conseil du 15 avril 1728

(Archives municipales de Martigues).

L'an mil sept cent vingt huit et le quinzième jour du mois d'avril, dans l'hôtel commun de cette ville de Martigues de l'autorité de M[r] Mr Louis Turc, chēv. de Vauroux viguier, à la réquisition de Mrs Jean Ardisson, Paul Gilloux et Joseph Bleymet con[ers] du Roy consuls et administrateurs de la comm[té] de cette ville de Martigues, le présent Conseil général de tous les conseillers vieux et nouveaux a été assemblé à son de cloche de trompete et cris publics aux formes ordinaires et lieux accoutumés de la ville pour dellibérer sur les affaires de lad. communauté, auquel ont assisté, Prem^t lesd. sieurs Viguier et Consuls, s^r Jean Joseph Vidal tres^er MM. Jean Bap^te Broglia lieut^t gñal en lad^te M. Jean Amielh not^re, s^r Jacques Bourgarel bourgeois, M. François Amy avocat, s^r Jean Venel bourg^s, Mr François Estaquier no^re, s^r Barthelemy Laurens marchand, s^r Jacques Ycard bourg., Mr Joseph Flayosc procur., s^r Louis Venel marchand, s^r Antoine Granier boug., s^r Barthélemy Vidal marchand, s^r Jean Jaubert marchand, Mr Jean François Courtez greffier au siège, s^r Basille Nuiratte bourg., Jean Reybaud, marchand, s^r Jean Destienne bourg., s^r André Bourdin bourgeois, s^r Gilles de Flagny, Nicolas Mongin chirurgien, Reymond Borrelly marchand, Jean Eissalenne boulanger, Charles Celly ancien patron, Mr Louis Duglun, s^r Joseph André bourgeois, Jean Rivière marchand, s^r Pierre Vidal marchand, s^r Pierre Portal bourg., Honnoré Allemand marchand, s^r Honnoré Estrine marchand, cap^ne Louis Dellaye, cap^ne Pierre Brilland, Pierre Dominicq marchand, Joseph Silvestre.

Ledit s^r Bleymet consul portant la parole dans ses quatre mois d'exercice, a dit que par le Conseil du huitième février dernier il fut dellibéré de députer à Manosque un nombre de personnes pour aller prendre une relique du Bienheureux Gérard Tuncq, natif de cette ville fondateur de l'Ordre de Malte que Son Altesse Eminentissime Monsg^r le Grand Maître nous a accordée par la lettre dont il nous a honnoré du 20 novembre 1727 et de l'acte de consentement donné en conséquence par le Seigneur Mess[re] de Grille, chev. dud. Ordre, baillif de Manosque et commandeur de St Jean d'Aix portant commission a Mess[re] Fougasse, prêtre conventuel du même Ordre de faire l'ouverture de la caisse où repose le corps du Bienheureux Gérard dans le château du bailliage dud. Manosque ; que pour cet effet M. Ardisson consul son collègue, M. Granier prieur de l'Isle accompagnés de Mrs Amielh, Bourgarel, Estaquier, Flayose, Laurens et Maurel, partirent le 7me de ce mois et passant par Aix ils remirent la commission à Mess[re] Fougasse et tous ensemble avec un secrétaire de l'Ordre ils se rendirent à Manosque où une précieuse relique du corps du bienheureux Gérard Tunq leur a été départie qui consiste en l'os du bras gauche appellé humerus ce qui fut fait avec toute la solennité qu'on doit observer en pareille occasion ainsi qu'il est porté dans le procès-verbal dressé à ce sujet ; mais comme Messrs nos députés ont reçu des honneurs infinis de Messieurs les Consuls de Manosque et de tous les habitants de cette ville, avec des marques d'amitié et de bonté qu'on ne peut bien exprimer, où ils fûrent visittés en chaperon et seçurent en présent du vin et défrayés de toute dépense pendant le séjour qu'ils firent à Manosque, de telles honnêtetés doivent être à jamais conservées dans la mémoire de nos citoyens et nous avons le cœur trop reconnaissant pour ne pas marquer à Mrs de Manosque combien nous estimons leur amitié.

Union avec la ville de Manosque

L'assemblée après avoir ouï tout ce qui s'est passé dans ce voyage a remercié M[rs] les Députés et témoigné d'abord quel est le plaisir qu'elle a des honneurs que Mrs de Manosque nous ont fait et comme rien ne parait à l'assemblée plus honnorable pour notre communauté qu'une union avec celle de Manosque, l'assemblée a tout d'une voix dellibéré que Mrs de Manosque seront très justement priés comme elle les prie de vouloir bien faire une étroite union entre nos deux comm[tés] qui passera de nous à nos successeurs pour durer à jamais ; ne doutant pas qu'ils ne nous accordent leur amitié après nous en avoir donné tant de marques dans la première occasion ; cette union sera toujours plus affermie par la protection du Bienheureux Gérard Tunq qui ayant pris sa naissance dans la ville de Martigues honnora celle de Manosque des reliques de son précieux corps et par la séparation qu'on vient de nous faire d'un de ses membres, de façon que lorsque M[rs] les Consuls de Manosque nous fairont l'honneur de venir en cette ville, on ne se bornera pas à les visiter en chaperon, à leur faire des présents, à les défrayer, mais encore on leur donnera des marques et démonstrations de considération et de l'amitié la plus rincère. A ces fins l'assemblée a prié M[rs] les Consuls de mander incessemment à M[rs] les Consuls de Manosque un extrait de la présente délibération accompagnée d'une lettre où il sera exprimé quels sont nos sentiments et en présent du fruit du pays que ces Messrs auront la bonté de recevoir comme la première marque de notre reconnaissance.

Led. sieur consul Bleymet a encore ajouté que Mrs les Députés en ce voyage ont fait leur dépense ainsi qu'ils l'avaient offert de si bon cœur dans le conseil précédent qui les en avait prié, de quoy le conseil les a remerciés.

N° 11

Enregistration du Verbal de Remission de la Relique du B. G. Tunq, dont mention est faitte dans le Conseil cy-devant :

(Copie de l'acte inséré dans les Archives municipales de Martigues ; l'original est dans le reliquaire de l'Ile.)

Au nom de Dieu soit-il. L'an mil sept cent vingt huit et le septième jour du mois d'Avril sçavoir faisons, nous frére Michel Fougasse, prêtre conventuel de l'Ordre de Hierusalem, que par devant nous et dans la maison prieurale St Jean de la ville d'Aix, seroient compareus messire Louis Granier, prieur curé de la paroisse Sainte Magdeleine de l'Isle du Martigues, sr Jean Ardisson consul de ladte ville, assistés des srs François Estaquier, Jean Amiehl, Joseph Flayosc, Barthélémy Laurens, Jacques Bourgarel et Joseph Maurel députés de lad. communauté du Martigues, par délibération du huitième février dernier, lesquels nous auroient représenté que les srs Viguier, Consuls et communauté dudit Martigues ayant supplié son Altesse Eminentissime Monseigneur le Grand Maître de vouloir leur faire la grâce de leur accorder une portion des Reliques du corps du Bienheureux Gérard Tunq, fondateur de notre Ordre, qui sont conservées dans la chapelle du château de Manosque, p[r] en être, ladite portion, reposée dans l'église paroissiale de lad. Isle du Martigues qui le révère depuis longtemps comme un principal protecteur, attendu qu'elle a eu le bonheur de le voir naître dans son enceinte, de lui avoir donné le nom de chrétien, et instruit la première des maximes de l'Evangile ; Son Altesse Eminentissime leur auroit accordé cette grâce comme il paroit par sa lettre écrite de Malte le onzième septembre dernier qui sera enregistrée à la suitte des présentes, et qu'ensuite lesd. sieurs consuls et prieur s'étant adressés à l'Illustrissime Seigneur Messire Jean Augustin de Grille, Baillif Grand Croix du même Ordre, commandeur de St Jean d'Aix et Seigneur de Manosque, pour le prier de permettre que par un maître chirurgien, en présence d'un Religieux de notre Ordre et des dits s[rs] prieur curé, consuls et députés, il fut séparé une portion insigne desd. S[tes] Reliques, ledit Seigneur Baillif nous auroit commis pour nous porter aud. Manosque affin de faire faire lad. séparation et translation ainsy qu'il paroit par l'acte reçu par Me Beuf notaire royal de la ville d'Arles en datte du sixième dud. mois de février, aussi dernier, au moyen de quoy lesd. s[rs] prieur, consuls et députés dudit Martigues nous auroient prié de vacquer à notre commission, qu'ils nous auroient remise avec les autres papiers nécessaires, laquelle recevant avec tout l'honneur et respect que s'apartient, aurions offert de nous transporter incessemment audit Manosque en compagnie du s[r] André Henricy agent et secrétaire de notre Ordre à Aix et procureur général dud. Baillif de Grille affin de faire en leur présence lad. séparation et de porter ensuitte ladite partie de Relique audit Martigues pour être reposée dans l'église paroissiale de l'Isle affin de satisfaire la dévotion des fidelles, en exécution de quoy nous serions partis de cette ville d'Aix aujourd'huy neuvième avril, accompagnés desd. s[rs] prieur, consuls et députés dud. Martigues et dud. s[r] Henricy et arrivés aud. Manosque le dixième et parce qu'il étoit tard nous aurions renvoyé au lendemain la continuation de notre commission.

Du lendemain onzième avril nous dit commissaire après avoir fait prier messire Scipion de Baudric docteur en théologie curé perpétuel de la paroisse St Sauveur de lad. ville de Manosque, Messire Pierre Arnaud aussy curé perpétuel de la paroisse de Notre Dame de Romigiers de la même ville, noble Balthazard Loth écuyer, s[r] Jean Giraudon et Jean Jacques Chevillon consuls modernes dudit Manosque, en absence de M. le Juge affin d'assister à lad. séparation pour l'authenticité de l'acte, nous serions allez tous ensemble en compagnie desd. s[rs] prieur, consul et députés dud. Martigues et dud. s[r] Henricy, au chasteau seigneurial dud. Manosque et ettant entrez dans la chapelle où reposent lesd. S[tes] Reliques, aprez y avoir fait notre prière et entendu la s[te] messe célébrée par led. s[r] prieur de l'Isle, led. s[r] Henricy nous auroit exposé qu'il avoit eu l'honneur de nous accompagner à cette commission non seulement comme procureur dud. Seigneur Baillif de Grille, mais encore comme député et ayant charge expresse de messire Pierre Joseph de

Forbin d'Aupède, chevalier du même Ordre, commandeur de Caignac, receveur et procureur général du G^d^ Prieuré de St Gilles qui luy a confié les clefs de l'armoire et caisse où reposent lesd. S^tes^ Reliques dont il est le gardien et dépositaire de la part de l'Ordre, affin de nous les remettre et de les luy rapporter, aprez que nous aurons fait lad. séparation au moyen de quoy il nous auroit remis lesd. clefs en présence des soussignés. Ensuite ayant fait faire lecture à haute voix de la lettre de Son Altesse Eminentissime, et de notre commission, nous aurions fait appeller Jean Joseph Rebuty et Louis Martin, m^res^ chirurgiens dud. Manosque pour être présans à ladite séparation, ainsy qu'il est porté par notre commission et nous être revêtu de nôtre rochet et camail et mis une estole au col, nous aurions nous-même ouvert led. armoire et ensuitte assisté dud. messire Granier, prieur de l'Isle qui ettoit en surplis et étole, nous aurions tiré dud. armoire une caisse de bois d'environ quatre pans longueur, deux pans hauteur ou environ et d'environ un pan et tiers de largeur fermé à deux clefs et un cadenat, laquelle nous aurions reposé sur l'autel de lad. chapelle, et l'ayant ensuite ouverte nous y aurions trouvé lesd. S^tes^ Reliques couvertes d'un taphetas blanc, devant lesquelles nous ettant mis à genoux aprez les avoir encensées et fait pendant quelque temps nos prières et exposées à la vüe et vénération des fidelles nous aurions en présence desd. m^res^ chirurgiens et desd. s^rs^ curés et consuls de Manosque, de celle des s^rs^ consuls et députés du Martigues et d'une infinité de peuple tiré de ladite caisse un os tout entier et sans aucune fracture de la longueur environ un pan et tiers où il y a encore quelques fibres et pellicules attachées, lequel ayant étté bien et deuement examine par lesd. M[res] Chirurgiens ils nous ont assuré ettre l'os appelé humerus du bras gauche, laquelle relique ayant etté reposée sur l'autel aprez l'avoir de nouveau encensée, nous l'aurions mise en présence des soussignés dans une boitte bois noyer doublée en dedans d'un taphetas cramoisy, et en dehors d'un papier doré et remplie de coton pour la conservation de lad. relique, et aprez avoir remis dans icelle un original de notre présent verbal, nous l'aurions fermée de son couvercle avec un ruban couleur cerise en long et deux à travers cachetté de huit cachets, dont quatre sont à nos armes, deux à celles de la communauté du Martigues, et deux à celles de la communauté de Manosque, pour être ainsi portée aud. Martigues et remise dans lad. église paroissiale de l'Isle entre les mains dud. Messire Granier ou tel autre curé qui sera à son lieu et place et en présence desd. s[rs] Consuls pour y ettre gardée et conservée à perpétuitté, exposée à la vénération des fidelles ainsy qu'il est porté par notre dite commission, nous aurions ensuite mis dans la caisse des reliques qui reste au chasteau de Manosque un original de nôtre dict verbal, et ensuite nous aurions reffermé ladite caisse que nous avons remise dans l'armoire que nous avons aussy fait fermer et rendu les clefs aud. s[r] Henricy pour les rapporter aud. Seigneur Receveur. En foy de quoy nous nous sommes soussignés avec lesd. s[rs] curés de Manosque, les s[rs] prieur, consuls et députés du Martigues et led. s[r] Henricy et sçellé de nos armes, de celle des communautés de Manosque et du Martigues ayant etté fait du présent verbal cinq originaux dont l'un a etté déposé dans la caisse des Reliques qui reste au chasteau avec l'extrait de notre commission, le second dans la caisse qui doit ettre par nous portée dans la paroisse de l'Isle du Martigues, la troisième pour ettre remis aud. Seigneur Baillif de Grille, le quatrième pour la communauté dud. Manosque et la cinquième pour celle dud. Martigues et tout de suite a etté procédé à l'enregistration de la lettre de Son Altesse Eminentissime ainsy que suit..... (voir cette pièce reproduite ci-dessus n° 4). — Signés Fougasse, Baudric, vic, Arnaud, vic, Granier prieur de l'Isle, Ardisson cons, Loth cons, Giraudon cons, Chevillon cons, Maurel, Martin, Estaquier, Rebuty, Amiel, Flayose, Bourgarel, B. Laurens, et moy André Henricy agent et secrétaire de l'Ordre, signé Henricy, ainsi à l'original.

Le lendemain dousième dud. mois d'avril nous d[t] commissaire, accompagné de M[r] le prieur de l'Isle, censuls et députés du Martigues cy dessus nommés, serions partis dud[t] Manosque avec la précieuse Relique dûment cachetée et serions arrivés le treize à Aix devant l'Eglise de St Jean où nous avons trouvé le clergé qui nous a receu processionnellement au bruit des cloches, et après avoir reposé lad. relique sur le maître autel et ensuite encensée nous l'aurions mise en dépôt dans la sacristie jusqu'au lendemain que nous sommes repartis en même compagnie que dessùs avec lad. Ste Relique pour nous rendre à Martigues où nous serions arrivés le même jour à sept heures du soir, ou ettans aurions ettés receus à la porte de l'Eglise de l'Isle par le s[r] Prieur de lad. Eglise et son clergé et des s[rs] viguier et consuls en présence desquels et à la vüe d'un peuple infiny, nous aurions remis la caisse contenant lad. Ste Relique aud. s[r] Prieur, de la remission de laquelle nous luy en avons demandé acte et plus n'a etté procédé et nous sommes soussignés.

Signés, fr. Fougasse, Granier prieur de l'Isle, le chēv du Vauroux viguier, Ardisson cons., Gilloux cons., Bleymet cons., ainsi signés à l'original (1).

N° 12

Lettre du 4 may 1728, adressée par MM. les Consuls du Martigues à MM. les Consuls de Manosque.

(Archives municipales de Manosque).

Messieurs, que n'est-il possible de vous développer ici en particulier les cœurs de tous les habitants de notre ville ! Pénétrés tous tant que nous sommes d'une reconnaissance sans bornes pour toutes les généreuses honnêtetés que nous avons reçues de votre part en la personne de nos députés, nous sommes forcés d'avouer que cette reconnaissance, quelqu'étendue qu'elle soit, est bien inférieure à tout ce que vous avez fait pour nous. Le précieux et magnifique présent que

(1) L'original enfermé dans le reliquaire de l'Ile, porte sur cire rouge, en parfait état de conservation, l'empreinte des armes de messire Fougasse et des deux villes de Martigues et de Manosque.

nous tenons de votre ville, les politesses que vous avez jointes avec désintéressement à ce bienfait sont des traits qui parleront toujours en votre faveur et qui suppléeront aux expressions qui nous manquent pour vous marquer dignement ce que vous méritez et tout ce que nous sentons là-dessus.

De là, Messieurs, que de désirs flatteurs n'avons-nous pas conçus ? Touchés d'avance des agréments d'une naissante union entre nos communautés, nous venons vous la demander avec autant de confiance que d'empressement, union qui, prenant sa source dans ce qu'il y a de plus saint et de plus respectable, se transmettra assurément sans altération jusqu'à nos derniers neveux.

Voilà, Messieurs, quel est l'objet de notre ambition et quelles sont les intentions qui nous l'inspirent. Que nous serons heureux si vous nous faites la grâce de les approuver et de nous permettre de vous jurer solennellement que nous vous sommes attachés en général et en particulier plus que personne au monde !

Nous avons l'honneur d'être avec effusion de cœur, Messieurs, vos très humbles et très obéissants serviteurs. — Signé : ARDISSON, cons. GILLOUX, cons. BLEYMET, cons.

N° 13

Extrait du Greffe de la Communauté de Manosque.
(6 may 1728)

(Archives municipales de Martigues).

L'an mil sept cent vingt huit et le sixième may, dans l'hôtel de Ville de Manosque assemblé le Conseil des soixante conseillers perpétuels et douze prud'hommes annuels au son de la cloche et cri public à la manière accoutumée où ont etté présents :

Noble Balthazard Loth écuyer, Mrs Jean Giraudon et Jaques Chevillon bourgeois consuls modernes de la comm^té de lad. ville lieutenans généraux de police.

Et les sieurs conseillers et prud'-hommes cy-après :

Noble André de Fauris écuyer, M. de Guéridel avocat, M. Pochet, M. André Laugier, M. Mayer bourgeois, M. Rougon bourgeois, M. Siméon bourgeois, noble Jean-Baptiste de Fauris écuyer, M. Louis Martin chirurgien, M. de Figuières avocat, M. Manem bourgeois, M. Beaudini avocat, M. Vacher seigneur de St Martin, M. de Barreme, M. Maurin m^e apothicaire, M. Roux marchand, M. Paul Dulme avocat, M. Ferraire notaire royal, M. Tassil avocat, M. Gaspard Bouteille bourgeois, M. Decoris bourgeois, M. Ponsan lieutenant de cavalerie, M. Joseph Dulme bourgeois, M. Pierre Jean Dulme bourgeois, M. Gombert bourgeois, M. Melve not^re royal, M. Pierre Laugier bourgeois, M. Paul Richard bourgeois, M, Rebuty m^e chirurgien, M. Bouteille not^re royal.

Prud'-hommes

M. Pierre Eyriès cap^ne d'infanterie, M. François Goujon bourgeois.

Auquel Conseil a été représenté par M^rs les Consuls qu'il arriva hier au soir en cette ville le trompète de celle du Martigues qui leur remit de la part de M^rs les Consuls de lad. ville un paquet contenant une lettre et un extrait de délibération en datte des quatrième du courant et quinzième du mois passé conçeües dans les termes les plus obligeans et les plus honnorables, pour raison de quoy ils ont assemblé aujourd'hui le présent Conseil, pour que sur la lecture qui luy en sera faitte tout présentement l'on prenne une délibération par laquelle on tachera de répondre à celle de Messieurs du Martigues si ce n'est par les expressions du moins par les sentimens que l'on doit avoir dans pareilles occasions.

Sur quoy tous les M[rs] qui composent ce Conseil après avoir entendu la lecture de la susd. lettre et délibération sensibles comme ils le doivent à tous les honneurs et libéralités que Mrs du Martigues font a la ville, mortifiés en même temps de ne pouvoir y répondre comme ils le méritent à cause que son terroir ne produit aucuns fruits qui soient dignes de leur être présentés non en représailles du beau présent qu'ils ont eu la bonté d'envoyer, mais pour leur témoigner une partie des sentiments qu'ils ne peuvent faire paroître aujourduy que par des désirs et des expressions les plus faibles, ont unanimement délibéré que Mrs du Martigues seront priés, comme toute l'assemblée et tous nos citoïens les prient d'accepter l'union que nous fesons dès aujourduy de nos cœurs et de nos sentimens avec les leur ; en manière qu'à l'avenir il n'y ait plus de différence entre les habitans dud. Martigues et ceux de Manosque, et que lorsque Mrs du Martigues nous fairont l'honneur de venir en cette ville, on leur fasse par devoir et par inclination tous les honneurs et visites qu'on leur a rendu la première fois par honnêteté, et qu'en un mot on leur donne toutes les marques et témoignages les plus sensibles d'une parfaite et sincère amitié, et pour que notre union et correspondance s'entretienne à perpétuité entre les deux communautés, la première atention de M[rs] nos Consuls entrant en exercice sera de leur renouveler toutes les années par une lettre qu'ils auront l'honneur de leur écrire à ce sujet, lad[te] union nous étant d'autant plus chère qu'elle a été contractée sous la protection du B. Gérard Tune qui dès aujourduy sera regardé par les deux com[tés] qui ont le bonheur de posséder chaqune une partie de ses précieuses reliques, comme leur père commun et leur ange tutélaire, et pour que les sentimens de l'une et de l'autre comm[té] soient conservés à perpétuité, et que nos descendans puissent en voir d'un seul coup d'œil l'heureux établissement, la susdite lettre et délibération de Mrs du Martigues seront enregistrées à la suite de celle-cy, dont M[rs] les Consuls sont priés d'envoyer incessemment l'extrait à Mrs du Martigues, avec une lettre de remerciement dans laquelle ils tacheront de leur faire connaître une partie de ce qu'eux, les M[rs] qui composent ce Conseil et tous nos citoïens pensent unanimement en leur faveur. Et au surplus il a été delliberé que M[rs] les Consuls défrayeront le muletier et le trompette envoyés par Mrs du Martigues de toutes leurs dépenses pendant leur séjour en cette ville et donneront l'étrenne à chacun d'eux.

Signés : les consuls Loth, Giraudon, Chevillon et tous les conseillers et prud'hommes.

N° 14

Lettre du 7 may 1728, adressée par Mrs les Consuls de Manosque à ceux du Martigues

(Archives municipales de Martigues).

Messieurs, comblés d'honneurs et de politesses et accablés de vos présens sans les avoir mérités, nous nous voyons avec regret hors d'état de pouvoir y répondre que par des sentimens pleins de reconnaissance et des désirs que nous ne saurions vous marquer dans toute leur étendue, honorés de l'union que vous voulûtes bien faire de vos cœurs aux nôtres, union qui a commencé dès le moment que nous avons eu le plaisir de vous recevoir dans nôtre ville. Nous et nos concitoïens n'oublieront rien pour la rendre éternelle ; formée sous les auspices et à l'honneur du B. Gérard Tunc, que nous révérons les uns et les autres comme notre protecteur, elle ne pourra être que des plus heureuses, et nous espérons qu'elle deviendra tous les jours plus forte et indissoluble : que ne pouvons-nous vous témoigner tout ce que nous pensons ! La joye et l'empressement que tous nos habitans ont fait paraitre à l'établissement ou pour mieux dire au renouvellement de cette union supplée au deffaut de nos expressions.

Nous avons l'honneur d'être avec autant de reconnaissance que d'attachement, Messieurs, vos très humbles et très obéissans serviteurs, les consuls de Manosque.

Signé : Loth, Giraudon, Chevillon.

N° 15

Lettre autographe de Son Altesse Eminentissime le Grand Maître de l'Ordre de Malte, fr. Antoine Manoël de Vilhena, aux sieurs Curé et paroissiens de Ferrières.

(Archives paroissiales de l'église de Ferrières, Martigues).

A Malte, le 13 juillet 1728.

Sieurs Curé et Paroissiens de Ferrières,

La précieuse Relique du Bienheureux Gerard Tunc ne doit point être un sujet de discorde pour vous, mais si elle a occasionné quelque dispute, nous sommes persuadé qu'elle a cessé promptement, et que Mr l'Archevêque d'Arles aura trouvé par sa prudence et son autorité le moyen de concilier les esprits. Tel quel soit le règlement qu'aura fait ce Prélat, nous sommes convaincu qu'il ne peut être que juste; mais de notre part nous aurons rempli tout ce qui dépendoit de nous en accordant à la ville du Martigues ce qu'elle nous a demandé avec des instances réitérées. Sur ce nous prions Dieu, sieurs Curé et Paroissiens de Ferrières, qu'il vous tienne en sa ste garde.

MANOËL.

N° 16

Acte notarié passé à Arles le 28 août 1728, concernant les Reliques du B. Gérard Tunq, concédées aux paroisses de Jonquières et Ferrières.

(Minutes de Me Beuf, notaire, à Arles).

Jean Pierre Pascaly, ptre, bach. en th., prieur de St Gabriel et curé de Jonquières, et Pierre Vidal ber (bourgeois) de Ferrières, députés par les 2 endroits en p[rce] (présence) d'illustrissime seigneur messire Jean-Augtin de Grilles, ✠ (chevalier de Malte), bailli de Manosque et cd[r] (commandeur) de St Jean d'Aix, luy ont exposé que lesd. quartiers de Jonquière et Ferrières étant sensibles a l'honneur qu'il Luy a plu d'accorder une partie des précieuses reliques du bienheureux Gérard Tunq fondateur dud. Ordre de St Jean de Jérusalem a lad. ville du Martigues ensuite de l'agrément de Son Altesse Eminantissime Mgr le Grd M[e] qui ont été déposées dans l'église de l'Isle un des quartiers dud. Martigues, ils désireroient qu'il leur fut accordé la même grace et se fairoient un g[rd] honneur, et tous les habitants desd. quartiers regarderoient comme la chose la plus glorieuse d'avoir dans leur paroisse une partie desd. pretieuses reliques de ce bienh. qui sont conservés dans la chapelle du chateau du bailliage dud. Manosque, qu'a cet effet Mgr l'illust[me] et reved[me] Jacq. de Forbin de Janson, primat et prince c[ller] (conseiller) du roy en tous ses conseils et arque (archevêque) de cette ville sensible au pieux desir des habitants desd. quartiers auroit écrit a sud. Eminance le 12 may dernier et luy ayant exposé la vénération que touts les habitants desd. quartiers ont pour le glorieux bienh. leur compatriote et l'empressement qu'ils ont d'avoir un gage aussy pretieux que lesd. reliques dans chacune église de leur paroisse ils l'auroient suplié de vouloir leur en accorder une partie ce que sud. Em[ce] a bien voulu faire par la lettre qu'il luy a fait l'honneur de luy écrire dattée de Malthe le quinze Jllet... par laquelle il luy marque d'avoir écrit à vous d. Sgr vénérable baillif et de vous avoir permis de donner aux habitants de Jonquières et Ferrières quelque pretieuse relique du corps dud. bienh. Gérard Tunq et pour chacune paroisse desd. quartiers ce qui a obligé les habitants desd. quartiers de Jonquières et Ferrières de vous deputer expressement les exposants pour vous prier de vouloir donner vos ordres afin que la partie desd. reliques leur soit expédiée à chacun. Ce qu'entendu par led. Sgr baillif auroit dit qu'il est bien aise de satisfaire la dévotion des habitants desd. quartiers et de se conformer la dessus aux intentions et aux ordres qu'il a receus de Mgr le Grd M^e^ qu'à ces fins il donnera tout pouvoir requis : A cette cause.... led. Sgr b. a fait et constitué son procureur spécial et g^al^ quant à ce M^re^ f^re^ Michel Fougasse p^tre^ couv. dudit Ordre ou tel autre dud. Ordre... auquel il donne pouvoir... de se porter avec les députés desd. quartiers de Jonquière et Ferrière du Martigues en la ville de Manosque pour y faire l'ouverture de la quaisse ou sont conservées les reliques du corps dud. b. G. T. et d'en remettre une partie insigne pour chaqu'un des. quartiers aud. messire J. P. Pascally, pr. de St Gabriel et curé de Jonquière ou a tel autre prtre de son église ayant de luy pouvoir et charge expresse et de ce dresser procès-verbal en bonne et deüe forme attesté par le 1er maître chirurgien requis lequel procès-verbal sera remis dans la quaisse desd. reliques et tout ce que pourroit led. s^r^ constituant s'il étoit présent en personne... promettant d'avoir agréable tout ce que par led. s^r^ son procureur en ce sera fait et le relever indamne veut et entend led. Sgr b. que les reliques qui seront remises aud. Mre Pasc. soient receus solennellement en procession par les habitants desd. quartiers... avec la permission de md. S[gr] l'arque ou de m[ssrs] ses g[rds] vic. et qu'ensuite lesd. reliques soient honorablement placées et exposées à la vénération des fidelles dans les églises ds paroisses desd. Jonq. et F. et a chacune desd. églises la partie qui luy sera donnée et destinée, delaquelle permission cy-dessus donnée lesd. s[rs] députés au nom des habitants desd. quartiers de J. et F. ont fait leurs humbles remerciements aud. Sgr b. et l'ont asseuré que par des pièces authentiques il conste que led. b. G. T. étoit né dans la paroisse de Jonquière et de tout ce dessus lesd. parties nous ont requis acte. Fait et publié aud. Arles dans la salle de la maison ou led. Sgr bailly est logé en présence de messire Joseph Simphorien Pontes p[tre] et ch[e] en l'église collégiale de N. D. la Major et Jean-Jacque Nadal dud. Arles témoins requis et soussignés et attendu que led. Sgr b. n'a peu signer attendu son indisposition avons pris pour témoins surnuméraire messire Jean Aug[tin] de Grille son nepveu, colonel d'infanterie et aide-major des gardes françoises qui a signé à sa place.

A Malthe le 15 jllet 1728. — M[r], je ne puis mieux vous marquer combien j'aprouve (sic) ce que vous me proposés dans votre lettre du 12 may qu'en vous envoyant en reponce (sic) celle que j'écris au vénérable b. de M., j'étais bien persuadé que votre prudence vous suggéreroit un moyen seur de faire cesser toutes les contestations auxquelles a donné lieu l'insigne relique du b. G. T. et sur ce que les habitants du Martigues m'ont en dernier lieu representé à cet égard je me suis contenté de leur répondre que la décision de cette affaire étoit entre vos mains. Je suis d'ailleurs charmé, Monsieur, de vous donner en cette occasion une marque de l'estime et la considération parfaite avec laquelle je suis, Monsieur, votre très affectionné serviteur

Le Grd Me MANOËL.

GRILLE PASCHALIS, prieur-curé VIDAL NADAL DE PONTE ch[ne] et nous MATHIEU GUIBERT, not. dans le cayer de Me Beuf attendu son absence

GUIBERT not.

Incontinent après la publication dud. acte à la requisition desd. s[rs] Pascalis et Vidal députés et en leur c[té], nous sommes transportés au palais arpal de cette ville ou étant avons donné communication dud. acte et fait lecture mot à mot d'icelluy a md. (mondit) Sgr (Seigneur) l'arque (l'archevêque) lequel après l'avoir entendu a aprouvé et loué le zèle des habitants desd. quartiers de F. et J. et témoigné beaucoup de joye de l'honneur que Msgr le Grd M[e] et le Sgr b. leur ont fait à sa prière et requisition de leur accorder à chacun une partie desd. prétieuses reliques et en conformité dud. acte a ordonné que lesd. reliques luy seront aportées en cette ville et dans son palais pour en faire la vérification et donner ensuite la permission requise soit par lui-même ou par un de ses v. gx (vicaires généraux) pour être icelles exposées à la vénération des fidelles dans chacune desd. deux églises de F. et J. enjoignant aux curés d'icelles de recevoir processionnellement lesd. pretieuses reliques quand elles seront portées au Martigues après la vérification qui en aura été faite en cette ville d'Arles chargeant lesd. 2 paroisses de faire faire incessemment deux chasses convenables pour y déposer les d. s[tes] reliques dont et du tout il nous a été requis acte.

Fait et publié aud. Arles dans led. palais arpal (archiépiscopal) pres. messire Jos. S. Dèpontes p[tre] et ch[ne] de l'église coll. N. D. la Major et J. J. Nadal dud. Arles témoins requis et soussignés avec les parties.

N° 17

Reconnaissance de « l'humerus » par le vicaire général d'Arles, M. Francony, le 16 janvier 1729.

Archives paroissiales de l'Ile. Cette pièce est dans le reliquaire du Bienheureux).

L'an mil sept cent vingt neuf et le seize du mois de janvier, sur les deux heures après midy, du pontificat de Notre St Père le pape Benoit treize, du règne de Louis quinze Roy de France et de Navarre, Messire Jean François Francony prêtre, docteur en s[te] théologie, chanoine de la s[te] Eglise métropolitaine de la ville d'Arles, vicaire général et official diocésain de Monseigneur l'Illustrissime et Révérendissime Jacques de Forbin de Janson Archevêque d'Arles, primat et prince, conseiller du Roy en tous ses conseils, etc., a procédé à l'ouverture d'une boëte de bois en long couverte d'un papier doré doublé en dehors d'un tafetas cramoisy et remplie de coton, fermée de son couvercle avec un ruban cerise en long et deux à travers cachetée de huit cachets, dont quatre étoient aux armes de frère Michel Fougasse, prêtre conventuel de l'Ordre de St Jean de Jérusalem, deux à celles de la communauté du Martigues et deux à celles de la communauté de Manosque, donnée à Messire Louis Granier prieur de l'église de Ste Magdeleine, paroisse de l'Isle à l'effet de retenir dans son église la Relique qui y est renfermée, et de l'exposer à la vénération des Fidelles, dans laquelle s'est trouvé un os tout entier, sans aucune fracture, de la longueur d'environ un pan et tiers, ou il y a encore quelques fibres et pellicules attachées, appelé humerus, du bras gauche, ainsy qu'il apert par le verbal du frère Michel Fougasse prêtre conventuel de l'Ordre de St Jean de Jérusalem, fait à Manosque le septième du mois d'avril de l'an mil sept cent vingt huit, signé fr. Michel Fougasse, Baudric vic., Arnaud vic., Granier prieur de l'Isle, Ardisson consul, Lot consul, Chevillon consul, Giraudon consul, Maurel, Rebuty, Martin, Estaquier, Amielh, Flayosc, Laurens, Bourgarel, et plus bas André Henricy agent et secrétaire de l'Ordre et sellé du seau des Armes dud. frère Michel Fougasse, de celles de la com^té du Martigues, et de celles de la communauté de Manosque, laquelle boëte ayant été ouverte dans l'église paroissiale Ste Magdeleine de l'Isle du Martigues avec toute la descence requise par led. Mre Jean Francony vicaire général susdit vêtu d'un surpelis et une étole, led. Mre Francony auroit trouvé l'os appelé humerus du bras gauche, ainsy que s^r Paul Gilloux m^e chirurgien mandé pour nommer led. os luy a dit, lequel os, est du corps du bienheureux Gérard Tuncq, fondateur de l'Ordre de St Jean de Jérusalem et natif du lieu du Martigues, comme il est porté par le verbal cy-devant mentionné, led. os a été trouvé entre plusieurs licts de couton, après laquelle ouverture ainsy faite led. sieur Grand Vicaire a renfermé dans lad. boëte le dit os du bienheureux Gérard Tunc avec pareil honneur et descence sous plusieurs licts de couton, et le verbal dud. frère Michel Fougasse et icelle cachetée en plusieurs endroits sur le ruban qui l'environne de couleur rouge du cachet des armes de mon dit Seigneur de Janson Archevêque d'Arles sur de la cire rouge, lad. ouverture de lad. boëte faite dans lad. église Ste Magdeleine de l'Isle ornée à cet effet.

En foy de quoy led. Mre Francony a signé ces présantes fait en lad. église de sa propre main et a icelle fait aposer le cachet des armes dud. Seigneur Archevêque, en présence des soussignés, écripte par nous Louis Begon greffier aux cours et jurisdictions dud. Archevêché et secretaire dudit Seigneur Archevêque sans que dans la suite led. Messire Granier prieur de la paroisse de Ste Magdeleine puisse exposer lad. relique à la vénération des Fidelles qu'elle n'aye été mise dans une chasse convenable et par l'ordre de Mondit Seigneur l'Archevêque.

FRANCONY, ch[ne] vic. et offic. gñal

GRANIER prieur de l'Isle

GILLOUX consul	FERAUD consul	GRANIER consul
ANTHOINE p[tre]		BROGLIE
	FÉRAUD p[tre]	

ROMEIS PUECH LEYMET
NUIRATTE GRANIER DE RICARD

Sceau de Mgr de Forbin Janson

D'ESTIENNE

BEGON sec. et greffier

N° 18

Procès-verbal de la translation, en 1735, de « l'humerus » du B. Gérard par le vicaire général d'Arles, M. Roman, qui retire cette relique enfermée dans la caisse où elle était venue de Manosque, pour la déposer avec honneur en une châsse plus décente.

(Archives paroissiales de l'Ile ; cette pièce est dans le reliquaire du Bienheureux).

Nous Michel Roman, prêtre, docteur en s[te] Théologie, prieur de St Léger, vicaire général de Monseigneur l'Illustrissime et Reverendissime Jacques de Forbin de Janson, archevêque d'Arles aiant reçu commission de mond[t] Seigneur Archevêque par la lettre missive du 14 Juin 1735, de faire la translation de la relique insigne du Bienheureux Gérard Tunq conservée dans la sacristie de l'Eglise paroissiale de l'Isle dans la même Boette ou elle avoit esté mise a Manosque le septième avril 1728 et vérifiée icy le 16 janvier 1729 par messire Jean François Francony, chanoine de la Ste Eglise d'Arles, vicaire général et official de mond[t] Seigneur l'Archevêque, aiant donc reçu la commission de faire cette translation dans une chasse où la relique soit avec plus de decence et puisse etre dignement exposée a la veneration des fidelles, nous nous sommes transportèz aujourd'huy jour du s[t] dimanche vers l'heure de vespres dix sept[e] jour du mois de Juillet 1735 à l'église paroissiale de l'Isle, et aiant demandé à Messire Jean Baptiste Roussin prieur de lad[e] église de nous présenter la boette ou étoit enfermée la relique insigne du Bienheureux Gérard Tunq, il l'a tirée du trésor de lad[e] sacristie ou on la conservoit et l'a mise sur le maître autel de lad[e] église et tout de suite en présence dud. messire Jean Baptiste Roussin prieur, de messieurs Jean Amielh, Jacques Bourgarel et Benoit Caudière consuls modernes de la ville et du s[r] Joseph Londien, trésorier de la communauté, de Mr Barthelemy Laurens margailler de lad. église, de messire Antoine Bernard, Joseph Amedée de Broglie, Richard Féraud, Claude Anthoine, Jean Guilheaume Cavaillon prêtres de la même église, s[r] Jean d'Estienne, Mr Jean Baptiste Broglio lieutenant de l'Amirauté, Mr Amy avocat, s[r] Joseph Couture, s[r] Paul Gilloux, François Beaumond, Pierre Duplan, Nicolas Suveran, Pierre Brilland, Jean-Baptiste Couture, Ettienne Nicolas, Jean Laurens, Pierre Henry et de plusieurs autres notables cytoyens, avons examiné de toute part lad[te] Boette que nous avons trouvée être entourée d'un ruban rouge cachetée de tout costé avec le cachet de Mond. Seigneur l'Archevêque ainsi que l'avoit cachetée led. messire Franconу lors de la verification, ne paroissant pas avoir etté depuis ouverte ; et aiant coupé les rubans et ouvert lad. Boette, avons veu la vénérable Relique telle qu'elle est decritte dans le Verbal fait à Manosque le sep[e] avril 1728. Laquelle Relique par délibération du Conseil Général de cette ville donnant pouvoir à Messieurs les Consuls d'aller en députation avec plusieurs habitans des trois quartiers aud. Manosque accompagnez de feu Messire Louis Granier prieur de la même église paroissiale de l'Isle, fut prise dans la caisse ou réside le corps du Bienheureux Gérard Tunq et fut portée en cette ville pour être mise et placée dans lad[e] église de l'Isle, comme aussi dans le verbal fait icy le 16 janvier 1729 et l'aiant prise avec le respect qu'elle mérite, nous l'avons exposée au peuple pour satisfaire au désir et au saint empressement qu'il témoignoit de voir cette précieuse partie du corps du bienheureux Gérard Tunq leur citoyen qu'ils regardent comme leur puissant intercesseur auprez de Dieu, après quoy nous l'avons mise dans la chasse qui luy étoit préparée, dans laquelle nous l'avons enfermé. Le verbal fait à Manosque celuy fait icy par Messire Franconу et ce présent acte fait triple pour remettre, le second à Messieurs les Consuls, et le troisième aud. s[r] Prieur, signés de notre main et des Messieurs susnommés et lad[e] chasse cachetée en cinq endroits du cachet de Mond. Seigneur Archevêque d'Arles pour être à l'avenir et à toute la postérité un monument et un témoignage certain de la vérité de cette précieuse Relique. Et tout de suite pour plus grande solennité et pour la consolation des habitans avons chanté les vespres après lesquelles avons fait une procession au son des cloches et au bruit des Boettes à canon, où cette précieuse Relique a etté portée dans la chasse, a laquelle ont adsisté Messieurs les Consuls, les Marguilliers et une grande affluence de peuple, au retour de laquelle avons donné la bénédiction du Très Saint Sacrement.

ROMAN, vic. gnl — ROUSSIN, prieur de l'Isle
AMIEL con^{l} — BOURGAREL con^{l} — CAUDIÈRE con^{l}
LONDIEU, trésorier — B. LAURENT marg^{r}
BERNARD, p^{tre} — BROGLIE p^{tre} — Richard FÉRAUD p^{tre}
ANTHOINE, p^{tre} — CAVAILLON p^{tre}
D'ESTIENNE — AMY ad^{t} — SUVERAN
COUTURE — BROGLIO lieutenant d'amirauté
BEAUMOND — DUPLAN — BRILLAND
E. NICOLAS — COUTURE — P. HENRY
Jean LAURENT

N° 19

Procès-verbal de la reconnaissance de « l'humerus » du B. Gérard, faite par Mgr Bernet, archevêque d'Aix, le 7 septembre 1840.

(Archives paroissiales de l'Ile ; cette pièce est dans le reliquaire du Bienheureux).

Joseph BERNET, par la miséricorde divine et l'autorité du Saint-Siège Apostolique, Archevêque d'Aix, d'Arles et d'Embrun.

Dans le cours d'une de nos visites pastorales, ayant été prié par M. Chaix, curé de la paroisse Ste Magdeleine de Martigues, de vérifier l'insigne relique du bienheureux Gérard Tunq qui est en grande vénération à Martigues et qui, depuis plusieurs mois, ne pouvait plus être publiquement exposée, parce que le verre du reliquaire qui renfermait ladite relique avait été brisé ;

Après avoir mûrement examiné le procès-verbal de donation de ladite relique fait à Manosque le 7 avril 1728, le verbal de vérification de Mr Franconу, vicaire général de Mgr l'Archevêque d'Arles, sous la date du 16 janvier 1729 ; le verbal de translation dressé par Mr Roman vicaire général de Mgr l'Archevêque d'Arles, le 17 du mois de juillet 1735 ;

Après avoir comparé la relique et le reliquaire, qui nous ont été présentés, avec l'état décrit dans ces diverses pièces ; reçu la déposition de M[r] le Curé de la paroisse Ste Magdeleine ;

Avons reconnu ladite relique et après l'avoir vénérée l'avons attachée par un ruban rouge que nous avons fixé et scellé de notre sceau ; puis nous avons déposé les trois pièces que dessus sous le couvercle du reliquaire et l'avons fixé et scellé à quatre sceaux ;

Ce considéré, pour la plus grande gloire de Dieu et l'honneur de ses saints, avons permis et permettons que la susdite relique soit publiquement exposée à la vénération des fidèles.

Donné à Martigues sous notre seing le sceau de nos armes et le contre-seing de sieur Freisset fesant (sic) les fonctions de secrétaire, le sept septembre 1840.

en
cire rouge
Sceau
aux armes
du prélat

JOSEPH arch. d'Aix.

Par Mandement
FREISSET

N° 20

Procès-verbal du 8 juillet 1866, concernant « l'humerus » du B. Gérard.

(Archives paroissiales de l'Ile ; cette pièce est dans le reliquaire du Bienheureux).

L'an mil huit cent soixante six et le huit du mois de juillet, nous soussigné vicaire général, délégué pour cet objet par Mgr George, Claude-Louis-Pie Chalandon, archevêque d'Aix, Arles et Embrun, assisté de M. Tissérant, curé doyen de Martigues et de M^r l'abbé Chave, prêtre, vicaire de la paroisse de St Julien d'Arles, avons examiné les reliques du Bienheureux Gérard Tunq, qui sont vénérées dans la paroisse de l'Ile et les avons trouvées conformes a la description qui en est faite par les divers procès-verbaux conservés dans la châsse qui renferme les susdites reliques ; le plus récent portant la date du sept septembre, mil huit cent quarante et la signature de Mgr Joseph Bernet, archevêque d'Aix.

Nous attestons de plus qu'il a été détaché de l'os humerus qui constitue la relique en question, une parcelle pour être donnée du consentement de M^r le Curé de la paroisse et de Messieurs les Fabriciens, avec l'agrément de Mgr l'Archevêque, à la chapelle de l'Hôpital de Martigues.

En foi de quoi nous avons signé, ainsi que les témoins susnommés.

Martigues, le 8 juillet 1866.

TISSÉRANT
curé doyen

CONIL
v. g.

CHAVE
pr. vic.

Copie du présent procès-verbal est insérée dans le Registre des délibérations du Conseil de Fabrique de la paroisse de l'Isle.

TISSÉRANT
curé doyen

N° 21

Procès-verbal du 8 juillet 1866, concernant les reliques du B. Gérard, conservées dans l'église de Ferrières.

(Archives paroissiales de Ferrières. Cette pièce est dans le reliquaire du Bienheureux).

L'an mil-huit-cent-soixante-six et le huit juillet, nous soussigné, vicaire général d'Aix, délégué pour cet objet par Monseigneur George-Claude-Louis-Pie Chalandon archevêque d'Aix, Arles et Embrun, assisté de Monsieur Tissérant curé-doyen de Martigues et de Monsieur Pourchier curé de Ferrières et de M. Chave prêtre vicaire à St Julien d'Arles, avons examiné les reliques du Bienheureux Gérard Tenque qui sont vénérées dans la paroisse de Ferrières et les avons trouvées conformes à la dernière vérification, faite le vingt-neuf octobre, 1840, par Monseigneur Ginoulhiac évêque de Grenoble alors vicaire général d'Aix.

Nous attestons de plus qu'il a été détaché des susdites reliques une parcelle pour être donnée avec le consentement de Monsieur le Curé de Ferrières et de sa fabrique et l'assentiment préalable de Monseigneur l'Archevêque d'Aix a la chapelle de l'hospice dudit Martigues.

En foi de quoi avons signé ainsi que les témoins susnommés.

TISSÉRANT
curé-doyen

CONIL v. g.

CHAVE
p[ire] vic.

POURCHIER
rect.

N° 22

Procès-verbal du 25 juillet 1876, attestant l'extraction d'une parcelle de l'os humerus du B. Gérard pour la croix pectorale de Mgr Forcade, archevêque d'Aix.

(Archives paroissiales de l'Ile. Cette pièce est dans le reliquaire du Bienheureux).

L'an mil huit cent soixante seize et le vingt-cinq du mois de juillet, jour où nous avons célébré, en notre ville de Martigues, le troisième anniversaire de notre translation au siège métropolitain d'Aix, assisté de tous les prêtres nés à Martigues, nous avons fait ouvrir cette châsse enfermant une relique principale du B. Gérard Tenque des Martigues et en avons extrait une parcelle pour être renfermée dans la croix pectorale que nous ont offerte nos chers frères et fils lesdits prêtres natifs de Martigues. Et nous avons déposé en la dite châsse avant de la sceller du sceau de nos armes, le présent écrit signé de notre main.

Donné à Martigues, en l'Ile, les jour et an comme dessus.

à la cire rouge Sceau aux armes du prélat

† AUGUSTIN, Arch. d'Aix.

N° 23

Mandat spécial pour la vérification canonique des Reliques du Bienheureux, donné à son vicaire général par Mgr Bonnefoy, archevêque d'Aix, le 25 mars 1909.

François-Joseph-Edwin BONNEFOY, par la grâce de Dieu et du Saint-Siège Apostolique, Archevêque d'Aix, Arles et Embrun, Primat.

A tous ceux qui les présentes verront :

Salut et Bénédiction en Notre-Seigneur Jésus-Christ.

Par le témoignage des Archives tant ecclésiastiques que civiles de Martigues, il conste qu'en 1728, furent apportées dans cette ville plusieurs reliques du B. Gérard Tenque, fondateur des Hospitaliers de S. Jean de Jérusalem, dont le corps, à cette époque, reposait dans la chapelle conventuelle du bailliage de Manosque, appartenant aux mêmes Hospitaliers, dits Chevaliers de Malte. Comme il résulte en plus d'une enquête récente à nous communiquée, que dans cette ville de Martigues, de notre Diocèse, subsistent toujours ces ossements sacrés, nous donnons commission à M. le chanoine Marie-Firmin Giraud, notre Vicaire Général, d'en faire la reconnaissance canonique, et, après procès-verbal signé par lui et par les témoins, de replacer ces ossements sacrés dans leurs reliquaires scellés de notre sceau.

Donné à Aix, sous notre seing, le sceau de nos armes et le contre-seing du Chancelier de notre Archevêché, le 25 mars de l'an de grâce mil neuf cent neuf.

† FRANÇOIS, arch. d'Aix.

Sceau
aux armes
du prélat

Par Mandement :

M. TALLET
ch. h[e], chancelier

N° 24

Procès-verbal de reconnaissance et vérification de la Relique de l'Ile faite le 3 avril 1909, au nom de Mgr Bonnefoy, archevêque d'Aix, par son vicaire général.

(Archives paroissiales de l'Ile. Cette pièce est dans le reliquaire du Bienheureux).

L'an mil neuf cent neuf et le trois avril, nous soussigné vicaire général, délégué pour cet objet par S. G. Monseigneur Bonnefoy, archevêque d'Aix, Arles et Embrun, le sceau de cire rouge portant l'empreinte des armes de Mgr Forcade, décédé archevêque d'Aix, ayant été brisé après avoir été reconnu intact, avons ouvert le reliquaire de la paroisse de Ste Madeleine de l'Ile (Martigues), contenant la relique principale du Bienheureux Gérard Tenque, confesseur, fondateur et premier Grand Maître des Hospitaliers de Saint Jean de Jérusalem (Ordre de Malte). La relique a été attentivement examinée par M. le docteur en médecine Georges François, habitant Martigues, et a été reconnue pour être l'*os humerus droit* (1), la tête humérale sectionnée. Cette relique a été aussitôt replacée avec respect dans le même reliquaire de bois doré, orné de moulures et terminé par une croix de Malte, ainsi que les pièces suivantes : 1° le procès-verbal de donation de ladite Relique, fait à Manosque, le 7 avril 1728 ; 2° le verbal de vérification de M. Franconу, vicaire général de l'Archevêque d'Arles, sous la date du 16 janvier 1729 ; 3° le verbal de translation dressé par M. Roman, vicaire général d'Arles, le 17 juillet 1735 ; 4° le verbal de reconnaissance de Mgr Joseph Bernet, archevêque d'Aix, signé de sa propre main et daté de Martigues le 7 septembre 1840 ; 5° le verbal de reconnaissacce de la même relique, fait au nom de Mgr Chalandon, archevêque d'Aix, par M. Conil, son vicaire général, daté du 8 juillet 1866, lequel procès-verbal mentionne en plus qu'il a été détaché de l'*os humerus*, qui constitue la

(1) Malgré l'affirmation des chirurgiens dont le nom figure dans l'acte de donation du 7 avril 1728, et dans le procès-verbal de reconnaissance du 16 janvier 1729, il est scientifiquement reconnu que la présente relique est l'*humerus droit*.

relique en question, une parcelle pour être donnée à la chapelle de l'Hôpital de Martigues ; 6° le verbal de l'inspection de la relique, fait par ordre de Mgr Forcade et signé de sa main, le 25 juillet 1876, lequel verbal mentionne qu'à cette date une parcelle de la relique a été extraite pour être enfermée dans la croix pectorale du prélat, offerte par les prêtres du diocèse natifs de Martigues. Nous avons déposé ces pièces, avec le présent procès-verbal, dans le même reliquaire, scellé aussitôt après des sceaux aux armes de S. G. Monseigneur Bonnefoy, présentement archevêque d'Aix.

Etaient présents avec nous et le docteur en médecine ci-dessus nommé : MM. Joseph Tron, prêtre, curé-doyen de l'Ile ; Elie Ferrier, prêtre, curé de Jonquières ; Casimir Magnan, prêtre, curé de Ferrières, Alphonse Autheman, pharmacien.

En foi de quoi nous avons signé, ainsi que les témoins, le présent acte.

à la cire rouge sceau aux armes de Monseigneur Bonnefoy

F. GIRAUD
vic. génl

TRON
curé de l'Ile.

E. FERRIER
curé de Jonquières

C. MAGNAN
ptre curé de Ferrières

Dr Georges FRANÇOIS

AUTHEMAN

N° 25

Procès-verbal de reconnaissance et vérification de la Relique de Jonquières, le 3 avril 1909.

(Archives paroissiales de Jonquières. Cette pièce est dans le reliquaire du Bienheureux).

(Armes de Mgr Bonnefoy)

L'an mil neuf cent neuf et le trois avril, Nous soussigné vicaire général d'Aix délégué pour cet objet par Monseigneur Bonnefoy, archevêque d'Aix, Arles et Embrun, les sceaux de cire rouge, portant l'empreinte des armes de Mgr Chalandon, décédé Archevêque d'Aix, ayant été reconnus et brisés, avons ouvert le présent reliquaire de la paroisse St Genès de Jonquières (Martigues), contenant la relique, vénérée dans cette paroisse, du Bienheureux Gérard Tenque, confesseur, fondateur et premier grand maître des Hospitaliers de St Jean de Jérusalem (Ordre de Malte). La relique attentivement examinée par Monsieur le docteur Georges François, habitant Martigues, a été reconnue pour être, en une seule pièce, la dernière vertèbre dorsale et les deux premières vertèbres lombaires. Ces restes sacrés ont été aussitôt replacés avec respect dans le même reliquaire de bois doré, artistement sculpté, surmonté d'une croix de Malte, avec guirlandes de fleurs et autres ornements, et spécialement, de chaque côté, deux petites épées en sautoir, enfermées dans un élégant médaillon, avec, au bas, ce texte du livre de Tobie : *Reversus est in domum suam*. Dans l'intérieur du reliquaire ont été déposés le présent procès-verbal et celui qui atteste la reconnaissance de la relique, faite au nom de Monseigneur Chalandon par Monsieur Conil, son vicaire général, en date du huit juillet 1866. Le reliquaire ayant été fermé, les sceaux aux armes de Sa Grandeur Monseigneur Bonnefoy, présentement archevêque d'Aix, ont été apposés.

Etaient présents, à cette reconnaissance des reliques, avec nous et le docteur en médecine ci-dessus nommé : MM. Joseph Tron, prêtre, curé-doyen de l'Ile; Elie Ferrier, prêtre, curé de Jonquières ; Casimir Magnan, prêtre, curé de Ferrières et Alphonse Autheman, pharmacien.

En foi de quoi nous avons signé, ainsi que les témoins, le présent acte.

F. GIRAUD vic. gén[l] Dr Georges FRANÇOIS

TRON Jh
curé de l'Ile

à la cire rouge sceau aux armes de Monseigneur Bonnefoy

E. FERRIER
curé de Jonquières

C. MAGNAN
p. curé de Ferrières.

AUTHEMAN

N° 26

Procès-verbal de reconnaissance et vérification de la Relique de Ferrières, le 3 avril 1909.

(Archives paroissiales de Ferrières. Cette pièce est dans le reliquaire du Bienheureux).

L'an mil neuf cent neuf et le trois avril, nous soussigné, vicaire général, délégué pour cet objet par Sa

Grandeur Mgr Bonnefoy, archevêque d'Aix, Arles et Embrun, le sceau de cire rouge portant l'empreinte des armes de Mgr Chalandon, décédé archevêque d'Aix, ayant été brisé après avoir été reconnu intact, avons ouvert le reliquaire de la paroisse St Louis d'Anjou de Ferrières contenant les reliques du bienheureux Gérard Tenque, confesseur, fondateur et premier grand maître des Hospitaliers de St Jean de Jérusalem (*Ordre de Malte*). La relique attentivement examinée par M. Jules-Jean-Joseph Grimaud, docteur en médecine, a été reconnue pour être, en un seul morceau, trois vertèbres dorsales, deux entières et une sectionnée.

Ces Restes sacrés ont été aussitôt replacés avec respect dans le même reliquaire crénelé, de bois doré, à arceaux et colonnes, de style roman, ainsi que les pièces suivantes :

1° L'authentique rédigé en latin, en date du 8 juillet 1866 et signé Conil, vicaire général ; 2° l'acte portant la même date et la même signature attestant que le vicaire général susnommé a trouvé les Reliques conformes à la dernière vérification, qui remontait au 29 novembre 1840, et attestant de plus qu'il a été détaché des susdites Reliques une parcelle offerte à la chapelle de l'Hospice de Martigues. Ces deux pièces se trouvaient déjà dans le reliquaire ; le présent procès-verbal y a été ajouté. Le reliquaire a aussitôt été fermé et sur trois rubans de soie rouge moirée, a été apposé le sceau aux armes de S. G. Mgr Bonnefoy, archevêque d'Aix.

Etaient présents avec nous et le docteur en médecine ci-dessus nommé : MM. Joseph Tron, prêtre, curé-doyen de l'Ile ; Elie Ferrier, prêtre, curé de Jonquières ; Casimir Magnan, prêtre, curé de Ferrières ; Alphonse Autheman, pharmacien.

En foi de quoi, nous avons signé le présent, ainsi que les susdits témoins.

F. GIRAUD vic. génl — Dr GRIMAUD

(à la cire rouge sceau aux armes de Monseigneur Bonnefoy)

TRON
curé de l'Ile

E. FERRIER
curé de Jonquières

C. MAGNAN
ptre curé de Ferrières

AUTHEMAN

N° 27

Denombrement de la chapelannie sous le tiltre Saint Gerard au lieu de Vitrolles diocese d'Arles par Mre Jean Laurens recteur.

(Archives des Bouches-du-Rhône ; B. Cour des Comptes, reg. 798-799).

Jean Laurens pbre originaire domicilié du presant lieu de Vitroles lez Martigues satisfaisant a l'arrest du Consl d'Estat de Sa Majesté du douze decembre mil six cens septante trois suivant l'advis verbal a moy ce jourdhuy donné par le sieur vicaire dud. Vitrolles je declaire estre recteur d'une chapelannie fondée dans l'eglise parrossiale dud. lieu sous le tiltre Saint Gerard de collaon ipso jure de monseigr l'archevq d'Arles pour la dottaon de laquelle je possede une terre au quartier des hermes de la contenance de neuf panaux une autre terre aud. cartier d'une panal trois quars une autre a la fourniere de cinq panaux item une terre au piton de deux panaux plus une terre au caucadis de sept panaux.

Terre a l'escaillon deux de trois panaux, davantage terre a la poussilouire de cinq panas autre aud. cartier de huit panaux terre a saint pierre d'une panal trois quars claus et terre aux hors des civadis vigne au d. cartier de saint pierre de cinq cens souches.

Finallement une terre au cap des vignes de trois panaux le tout au terroir du d. Vitrolles mouvant de la directe de la seigneurie du d. lieu qui est à mons^r le marquis de Marignage chargez d'un civadis et demy bled de cense annuelle et d'un demy droit de lods et tresain de dix en dix ans allievez au cadastre de la communauté d'une livre quatre onces demy quart pour oblig^n au service d'une messe tous les mois des quels biens j'en ay a presant quarante deux livres de rente employez presque entierement aux charges.

Je suis encores recteur d'une messe fondee par jacq. Clapier a chascun mois de l'annee du juspatronage des consuls du d. Vitrolles sans tiltre de benefice a la pention de cinq livres par an dont les heoirs de Catherine Gouirane sont chargez d'acquiter et sont en demeure et ne la payent point depuis l'année mil six cent soixante deux, et finallement suis recteur d'une autre messe fondee par honorade Laurence a chascun mois de l'annee du juspatronat des heoirs d'icelle aussy sans tiltre de benefice de laquelle le nommé Antoine Mandine du Martigues est chargé de huit livres de pention annuelle le tout a perpetuité avec lequel suis en procez pour raison de ce par devant les sieurs juges du jonquières en deux instances qui m'ont consumé la d. pention de plusieurs années au moyen de quoy les d. fondations me sont plu tost onereuses que profitables. En foy de ce ay signé l'original et mis mon cachet a Vitrolles ce sept. feb. mil six cens septante cinq signé Laurens p^bre^ et d. end. sellé.

Teneur de la requeste

A nos seigneurs de la cour des comptes aydes et finances suplie humblement Mre Jean Laurens p^bre^ du lieu de Vitrolles lez martigues recteur de la chapelannie fondée sous le tiltre Saint Gerard dans l'eglise parrossiale du d. lieu qu'il a dressé le denombrement des rantes et revenus de la chapelannie fondée sous le tiltre Saint Gerard dans l'église parrossiale dud. lieu qu'il a dressé le denombrement des rantes et revenus de lad. chapelanie cy joint ensemble des charges d'ycelle escript et signé de sa main avec le cachet au bas de ses armes et qu'il desire faire recevoir. Ce consideré plaise a la Cour de sa grace ordonner que le d. denombrement cy joint sera reçu et enregistré rière le greffe des archives de Sa majesté a la manière acoustumée et ferez bien. signé Chabaury. Monsr de Menc decret soit monstré au procureur general du roy. fait à Aix en la d. Cour le xxv may mil six cens septante cinq. responce : n'empeschons sans prejudice des droits du roy, deliberé le vingt huit may mil six cens septante cinq. signe : Meyronnet. Recharge : attandu le consentement de Monsr le procureur general du roy plaise a la Cour de sa grace octroyer au supliant les precedantes fins et ferez bien. signé : Chabaury. Monsr de Viany ce decret soit le denombrement receu commis M. Viany con[r] du roy aux fins requises. fait à Aix en lad. Cour le XXVII may mil six cens septante cinq. signé Lombard. le susd. denombrement a esté receu par moy cons. de Sa Majesté auditeur secretaire et archivaire, etc...

N° 28

Lettre du chevalier d'Albertas-Dauphin aux Consuls de Martigues, 10 décembre 1747.

(Bibliothèque de la ville de Marseille, Mss. Ab. 64, vol. 28, f° 28).

Messieurs

Son Eminence Monseigneur le grand maitre souhaitant faire rendre à toute la chrétieneté, au bienheureux Gérard Tunq fondateur de l'ordre de Malte et natif de votre ville du Martigues, le culte qui est deü à sa sainteté, desireroit d'en demander à Notre S[t] père le pape le Bref, mais comme auparavant d'en faire la demande, il est nécessaire d'être muni de toutes les attestations qu'il convient, et qu'on souhaite, sur la foy qu'on a au dit Bienheureux en provence ou son corps se trouve déposé, et surtout au Martigues lieu de sa naissance, j'ay crû comme ministre de l'ordre et chargé de la part de son Eminence de luy fournir les pièces necessaires, devoir avoir l'honneur de vous mander cy joint une copie du cer-

tificat qui vient d'être expedié par les consuls de la ville de Manosque et les plus apparents de la d[le] ville, pour que de votre coté vous joigniès celui qui vous compéte, et tel que vous le jugerès nécessaire comme portionnaires des reliques dudit Bienheureux et desquels vous fites la demande a feu M. le baillif de Grille en l'année 1728 ainsi qu'il resulte des verbaux qui en furent dressés et dont vous avez des duplicata ; n'attendant plus que cette pièce pour faire partir les dépêches par le vaisseau de la Religion qu'on attend dans quelques jours. Vous aurès la bonté Messieurs de vouloir communiquer la présente à Messieurs les Curés des parroisses de votre ville, pour qu'ils fassent de leur coté tout ce qu'ils croiront et jugeront nécessaire ; on nous a assuré que le titulaire de la parroisse de Vitrolles dans votre contrée étoit sous le titre du dit Bienheureux je ne sache si la chose est véritable de quoy je vous prie de vouloir bien m'informer si vous en étes instruits. J'attens votre réponse incessamment, étant charmé que cette occasion me procure l'avantage de vous assurer en général et en particulier du respectueux attachement avec lequel ; j'ay l'honneur d'Etre, Messieurs, votre très humble et très obeiss[t] serviteur
d'aix le 10 X[bre] 1747

Le chel[r] dalbertas dauphin, économe

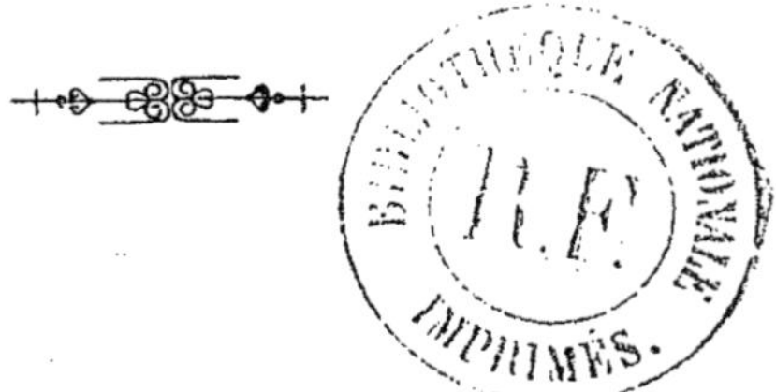

TABLE ANALYTIQUE

PREMIÈRE PARTIE

Vie du Bienheureux Gérard

SECONDE PARTIE

LES
Reliques et le Culte en Provence
du Fondateur des Hospitaliers

TROISIÈME PARTIE

Documents originaux et inédits

www.ingramcontent.com/pod-product-compliance
Ingram Content Group UK Ltd.
Pitfield, Milton Keynes, MK11 3LW, UK
UKHW012036240726
13965UKWH00003B/828